JN079127

ソフトテニス

トレーニングが
上達の近道

はじめに

ソフトテニスマガジンで4年間にわたり連載してきた「知っておきたい身体の機能」。ソフトテニスプレーヤーのための正しいトレーニング方法から身体のメンテナンスまで、さまざまな情報をお届けしてきました。その連載内容をこのたび一冊の本にまとめることになり、最新のトレーニング情報を加えてみなさんにお届けします。

ソフトテニスにおけるトレーニングが単なる体力づくりということだけではなく、テクニックの向上やケガの予防にもつながるたいへん重要な要素であることの理解を深めてください。身体の基礎知識をベースに、トレーニングの意義や効果を知り、正しいトレーニング方法を身につけて、筋力トレーニング、柔軟性の向上、ストレッチに始まる身体のメンテナンスまで、各テーマに取り組んでいきましょう。

この本を読み、トレーニングに取り組むみなさんの身体が変わっていき、ソフトテニスのパフォーマンスが向上して、楽しみが倍増していくことを願っています。

◇　◇　◇

さて、最初に取り組むことは、競技パフォーマンスに直結する「動きを良くする土台づくり」です。姿勢が悪い、身体が硬い、走り方がぎこちない、転びやすい、腰や足が痛いなどで悩んでいる選手は多くいることでしょう。これらの問題を引き起こす大きな原因が、「支える土台」が弱く、「関節や筋肉のバランス」が悪い状態で、日常生活やスポーツ・激しい運動を続けていることにあります。特に激しく動くスポーツや運動をしているときに「支える土台」が弱く、「関節や筋肉のバランス」が悪い状態のまま頑張ると、関節や筋肉の使い方のクセを強くしてしまいます。それが結果的に関節や筋肉を傷め、ケガを起こしやすい身体にしてしまうのです。

そうならないために、まずやるべき大切なことの一つが、ヒトが立ち上がって動くための基本である、二本足で安定して支えて立つための体幹、手足の準備ができていること（体幹や股関節が機能していること）です。立ち上がってからの動きは、立つ前の姿勢や動作で経験して覚えたことを元にしていて、立ったあとの動きを発達させていきます。

ですから、ソフトテニスを上達させるための近道は「身体の土台づくり」にあると言っても過言ではありません。その上で「動きを鍛える」ことに移っていきます。相手が前後左右に打ってくるボールに対して判断の上、素早く移動する。近いボール、遠くに落とされたボールとでは使うステップも違います。ラケットを操作するフォームがあるように、身体を動かすフォーム、方法も鍛える必要があるのです。身体の使い方、動き方をマスターする、そして鍛える。この考え方は、子供からシニア、アスリートまであらゆる方々に通じます。

それでは、トレーニングを始めましょう。

田中教裕

［補足］本書では太ももから下の部分を「脚（あし）」、くるぶしより先の部分を「足（あし）」と使い分けています。

第1章

ストローク編

最初の章では、力強いストロークを生むのに欠かせない

股関節、体幹、非利き手、

かかとの使い方をメインに取り上げる。

そして、その使い方を

最大限に生かすためのトレーニングを紹介する。

トレーニングの対象

フォアハンド①

船水雄太選手

田中トレーナー

トレーニングの対象

フォアハンド②

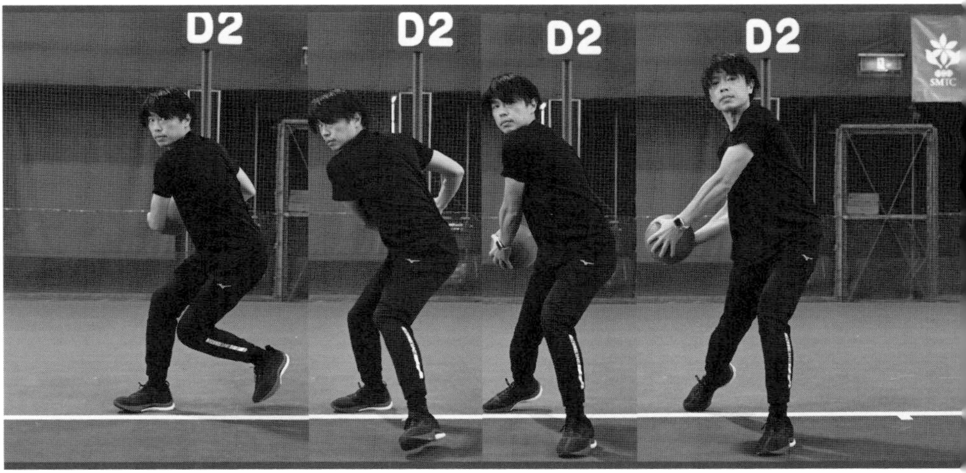

トレーニングの対象

フォアハンド③

トレーニングの対象

バックハンド①

トレーニングの対象

バックハンド②

CHECK !

チェックポイント 1

フォアハンド

テークバック時に右股関節でタメができているか？

股関節は胴体と両脚をつなぎ、体重を支える役割を担っている関節です。その柔軟性と筋力はとても重要な機能であり、股関節で生み出したパワーを末端（上半身と下半身）までスムーズに伝えることで、高いパフォーマンスを生み出すことができます。

ストロークで言えば、この股関節に体重を乗せることができなければ、どれだけ筋力があったとしても、強いスイングや急激なストップ、あるいはターン動作をコントロールすることが難しくなります。

逆に股関節をうまく使うことができれば、力強いスイングや強弱をつけた動きが可能になります。その一つがテークバック時。右利きの場合、右股関節に体重を乗せていることが大切です。スクワットで説明しましょう。

トレーニングの基本である「スクワット」は、股関節に体重を乗せる（タメをつくる）ための重要な姿勢・動作になります。パワーポジションやゼロポジションなどとも呼ばれ、「力が入る姿勢」なのです。１００kg～２００kgの重い重量を担ぐ場合、スクワットの姿勢・動作なら可能ですが、股関節や体幹を使わない姿勢・動作では難しく、腰や膝のケガを招きます。

力が入るスクワットの姿勢をつくることができれば当然、のちに強くスイングすることやフットワーク力を高めることができます。

スクワットは股関節に体重を乗せるための重要な姿勢・動作

力強いスイングはテークバック時に右股関節に（右利きの場合）体重を乗せることで生まれる。この姿勢を身につけるには、トレーニングの基本であるスクワット（写真左）が正しくできることが大切

テークバックで右股関節に体重がしっかり乗っている

CHECK!

チェックポイント 2

フォアハンド&バックハンド

動きの中で体幹は安定しているか？

体幹とは、頭部と四肢（腕と脚）を除いた胴体部分のことを指します。人間の重心が位置しており、動きの基になる重要な場所です。体幹を鍛えることによって、力の伝達に無駄がなくなり、パフォーマンスが向上します。また、ケガを予防することにもつながります。

面白いことに、体幹の重心はどのようなときでも常に動いており、１ヵ所に止まることはありません。多くの方は意識されることがないと思いますが、まったく動かないように立ったり座っていると思っていても、身体は非常に小さく揺れながらバランスを保っており、その動きを止めることはできません。

そのため、体幹はいかなるときも、さまざまな動きの中で無意識にコントロールされた安定性（動的な安定性）が必要とされます。

また、体幹を構成する筋肉を活動させるためには、骨盤を真っすぐに立ったニュートラル（中間位）にもっていくことが重要です。骨盤が前傾し過ぎたり、後傾し過ぎると腹筋と背筋のバランスが崩れるので安定した筋活動が行えません。

体幹を構成する筋肉は、インナーマッスルとアウターマッスルの２つに分けられます。インナーマッスルは腰に直接付着する筋と言われ、体幹の深部にあって腰の安定性をコントロールしています。一方、アウターマッスルは背骨に直接付着しない筋で、力を発揮するために重要です。

体幹とは胴体部分のこと

体幹とは頭部と四肢（手足）を除いた胴体部分のことを指す。体幹を鍛えることによって、力の伝達に無駄がなくなり、パフォーマンスが向上する

体幹の筋肉はインナーマッスルとアウターマッスルに分かれる

体幹を構成する筋肉はインナーマッスルとアウターマッスルの２つに分けられる。この2種類の筋肉が相互に作用することで、腰の安定性と体幹の剛性が高まる

アウターマッスル

背骨に直接付着しない筋で
力を発揮するために重要

インナーマッスル

腰に直接付着する筋。
体幹の深部に位置して
腰の安定性をコントロールする

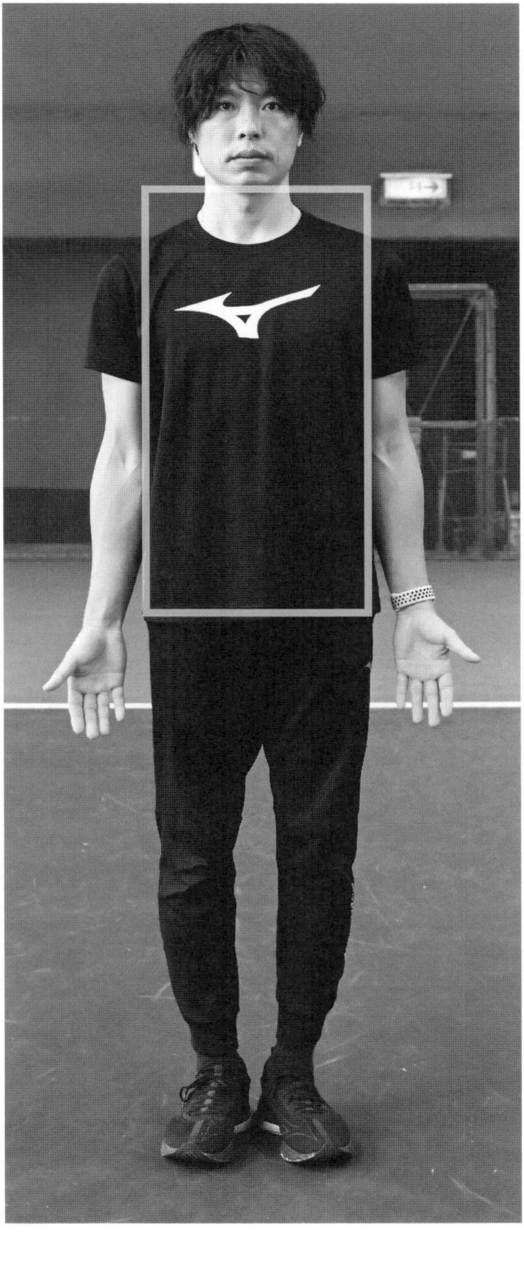

体幹機能を向上させるためには

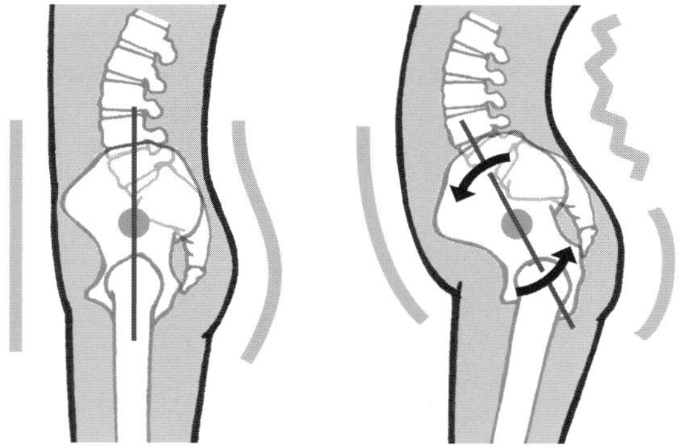

正常　　前傾

体幹筋を活動させるために骨盤を正常なニュートラル（中間位）にもっていくことが重要

自分の骨盤をニュートラルの状態にする2つの方法

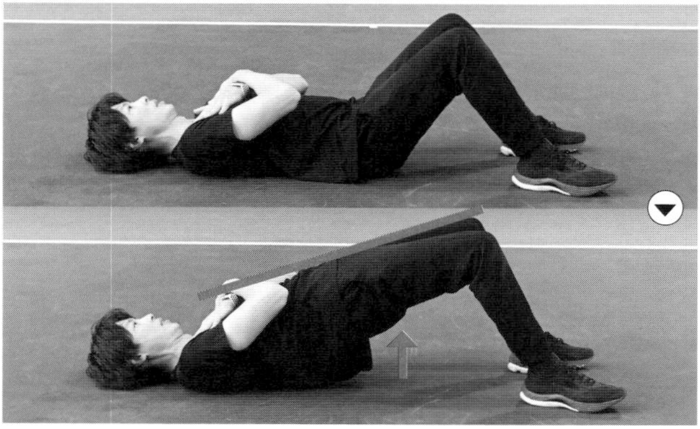

ヒップリフト

仰向けに寝て、両膝を曲げた体勢で、両足のかかと側で地面を押すようにお尻を上げる。このとき、腹筋に力を入れてお尻の筋肉（大臀筋）を使う。腰から膝、腰から胸までが一直線になっていれば骨盤がニュートラルになっている。太ももの前の筋肉や背筋を過剰に使わないように注意

腰は反っては
いけない

座った状態で骨盤を動かす

最初にニュートラル（中間位）にもっていき、前傾や後傾を行う。骨盤だけを動かせる状態になれば、骨盤をニュートラルな位置にもっていくことは可能

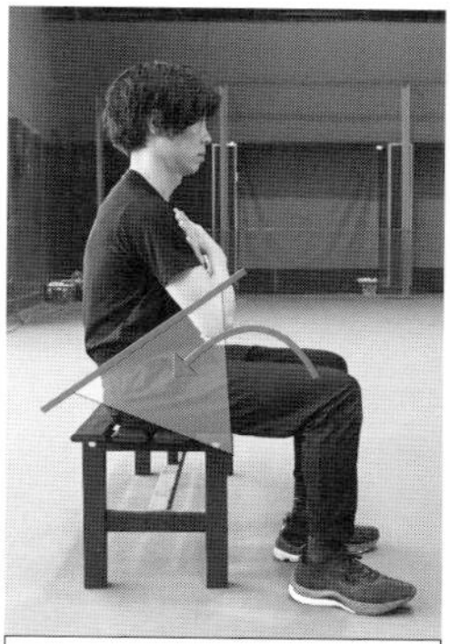

後傾

中間位（ニュートラル）

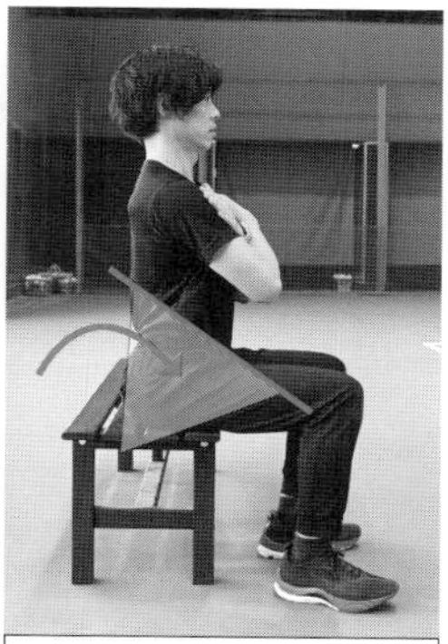

前傾

手のひら一枚分の隙間があれば骨盤はニュートラル

チェックポイント 3

フォアハンド

テークバック時に左手を使っているか？

みなさんは、テークバックのときに左手（非利き手）を使ってラケットを引いていますか？

右手のみでラケットを引くと右肘と右肩に余計な力が入り、体幹部が動かない「手打ち」と呼ばれるスイングになりやすくなります。そうなると、腕全体に力が入り打球が安定しなかったり、肩や肘のケガにもつながります。

一方、左手も使うことで右手の力を抜くことができ、身体全体を使え、しなやかで柔らかいスイングが可能になります。また、左肩付近に回転の支点ができ、より強い捻転運動が可能になります。

また、テークバック終了時に左肩・右肩・右肘をつなぐラインが直線上になるようにすれば、ラケットを楽に引くことができます。

テークバックの仕方では、右肩を引くことを意識するのではなく、左手を伸ばすようにすること。具体的には左肘を回転方向に押すイメージで、そうすると脇腹の筋肉が締まり、自然に右肩を引くことができます。このとき、体幹のインナーマッスルと言われる筋肉が働くため、より軸が安定した状態でスイングが可能になります。

フォアハンドのミスで悩んでいる方は、自分が左手を使っているか確認しましょう。なお、左手はテークバックだけでなく、スイングでも重要な役割を担っています。次のチェックポイント４をご覧ください。

左手も使うことで右手の力が抜けてしなやかで柔らかいスイングが可能に

テークバックでは左手も使ってラケットを引こう。そうすると右手の力を抜くことができ、しなやかで柔らかいスイングが可能になる。テークバック終了時には左肩・右肩・右肘のラインが一直線になる

右肘と右肩に余計な力が入る悪いテークバック

右手のみで引くと右肘と右肩に余計な力が入り、体幹部が動かない手打ちと呼ばれるスイングになりやすい（写真左）。また、身体より大きく後ろにラケットを引くのもNG。振り遅れの原因になる（写真右）

CHECK!

チェックポイント 4

フォアハンド

インパクト直前に左脇を絞って「壁」をつくっているか？

ストロークの振り終わりで左手（左肩）を引き過ぎてしまうと、身体の開きが早まります。その結果、振り遅れたようなスイングになり、ラケットコントロールが難しくなります。また、手首や肘のケガの危険性も高まります。

こうならないためには、テークバックからフォロースルーにかけての左手の使い方が重要です。テークバック後、左肩を支点に左肘をたたんだり、抱え込むようにして回転のリードをしていき、インパクト直前に左脇を締めて止める意識をすると、右腕は自然に振り出されていきます。左脇を絞ることで、上半身における「壁」がつくられ、身体の回転をブロックすることで捻転（ねんてん）運動が起きます。そして、インパクトのときにヘッドが走るパワフルなスイングが可能になるのです。

このことを体感できる実験があります。ストロークのインパクトの姿勢をとって壁を押す際に2つの方法を試すのです。1つは、左脇を締めて左肘をたたむようにして右手で壁を押す方法。もう1つは、左肘を引いた状態で、右手だけで壁を押す方法です。前者のほうが全身で押している感じがあり、後者は右腕の力感のみ感じられるはずです。

このように身体の機能的な動きを理解することは、身体を強くし、効率的なスキルの向上につながります。自分の身体でいろいろ試してみましょう。

左手を使った2つの実験

左肘を引いた状態で、右手だけで壁を押すと右腕の力感のみを感じる

左脇を締めて左肘をたたんで右手で壁を押すと全身で押している感じがある。このほうが力を出しやすい

船水選手の左手に注目

ラケットヘッドが走る船水選手のパワフルなスイング。打つ直前に左肘をたたみ、左脇を締めている。その結果、上半身に「壁」ができて捻転運動が起きている

CHECK!

チェックポイント 5

フォアハンド&バックハンド
踏み込むときに かかとから着地しているか？

強いショットを打つときは、踏み込み方が重要です。

覚えてほしいことは、つま先を上げてかかとから着地すること。この動きは足首が固定された状態でもあり、力を伝達しやすく、より安定した状態で踏み込み動作が可能となります。

また、かかとから足裏へ荷重することで地面との摩擦力を高めることができ、その結果、足裏の踏ん張りを強めることもできます。さらに、使われる筋肉に関しても主に脚の裏側につく筋肉（腓腹筋、ハムストリングス、大臀筋など）が踏み込みの働きを行います。

逆に、つま先での接地は地面との摩擦力が低く、足の固定力も低いため制動力に欠けます。また、膝が内や外方向に抜けるような力が働きます。その結果、身体が流れたり、膝のケガや足首の捻挫につながりやすくなります。

身体がブレたり、手打ちになる選手は踏み込み動作をマスターすることが大切です。

良い踏み込みと悪い踏み込み

かかとから踏み込むことで体勢が安定し、足裏の踏ん張りも強められる（写真○）。一方、つま先から踏み込むと身体が流れたり、膝や足首を痛める怖れがある（写真×）

船水選手の踏み込み

左右に動いている船水選手。フォア側の右足とバック側の左足に注目してほしい。どちらもかかとから着地していることがわかる

股関節の柔軟性と筋力をチェック

テニスのパフォーマンスに大きく関わる股関節。
ストレッチとトレーニングに入る前に自分の柔軟性と筋力をチェックしましょう。

1 股関節を曲げたときの詰まり感

柔軟性のチェック。仰向けの状態から膝を曲げて身体に近づけたときに、股関節に詰まり感がないか確認しよう

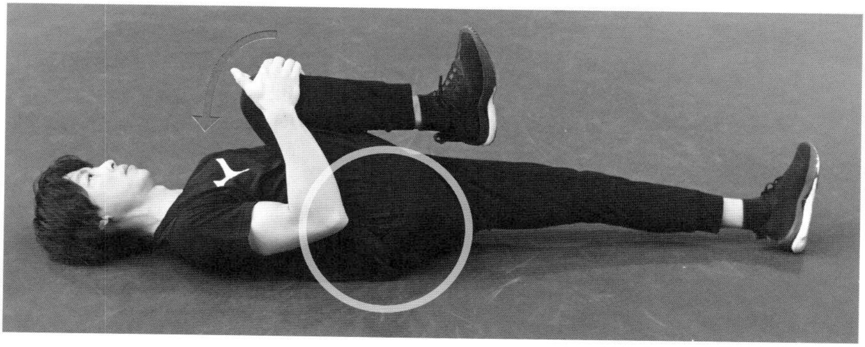

2 股関節を開いたときの詰まり感

柔軟性のチェック。仰向けの状態で一方の足の膝を曲げて股関節を開く。このとき詰まり感がないか確認しよう

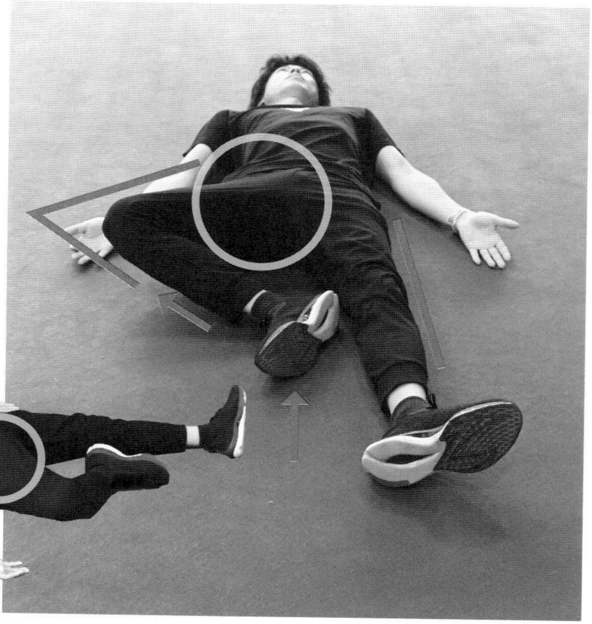

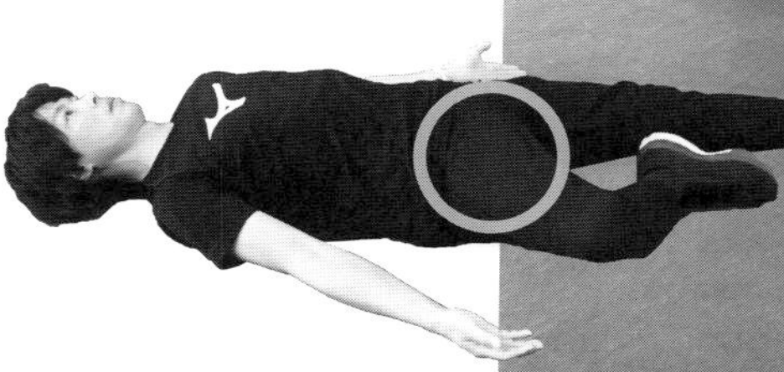

3 股関節の筋力チェック（2人1組）

太ももの裏の筋力チェック（ハムストリングス）。うつ伏せの状態から一方の脚の膝を曲げる。その脚をパートナーに押してもらい、かかとがお尻に近づいても耐えられるかを確認する

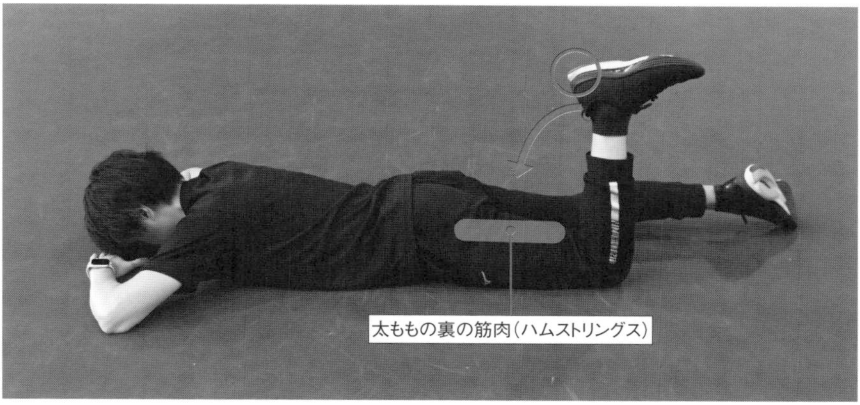

4 脚を上げたときの筋力チェック（2人1組）

脚を上げる瞬間にお尻の筋肉（大臀筋）が硬くなるかをパートナーが確認する。太ももの裏の筋肉（ハムストリングス）や腰の部分の筋肉が先に硬くなるのであれば要注意

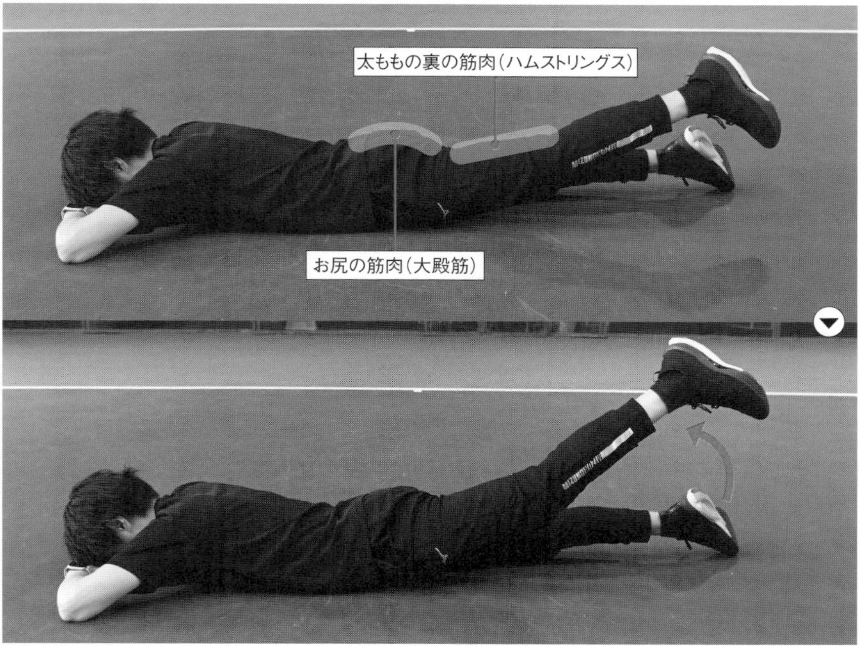

股関節のストレッチ

トレーニング前に必ずやってほしいのが2種類のストレッチ。
ていねいにゆっくり時間をかけましょう。どちらの種目も20～30秒間行ってください。

股割りストレッチ

胸を張り、肘で膝を押して両脚を開いていく。お尻を地面に向かって落としていくイメージでストレッチする

横から見る。胸を張ることに注意

臀部ストレッチ

伸ばすほうのお尻側の膝を抱えて胸を張る。次に膝を引き寄せる

横から見る。最初のストレッチと同様に胸を張る

股関節の6つの動き

股関節の基本的な動きを知っておきましょう。
屈曲・伸展、外転・内転、外旋・内旋の６つの動きがあり、
単一方向に動くことはほとんどなく、２つ以上の運動が複合されて動いています。

屈曲

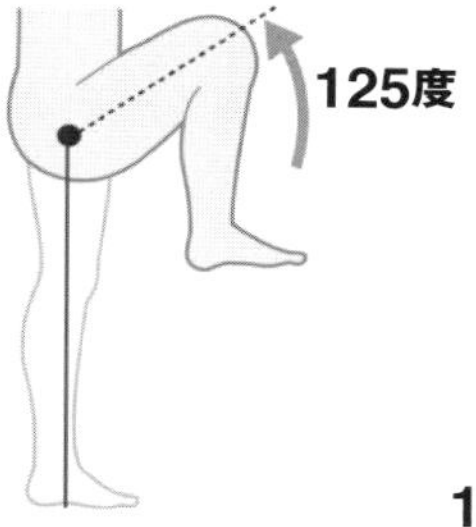

伸展

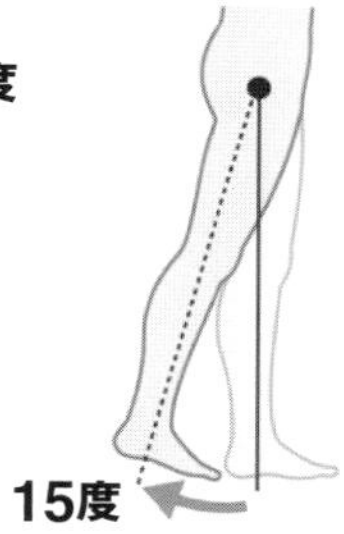

屈曲 ＝ 脚を曲げる
伸展 ＝ 脚を伸ばす

外転

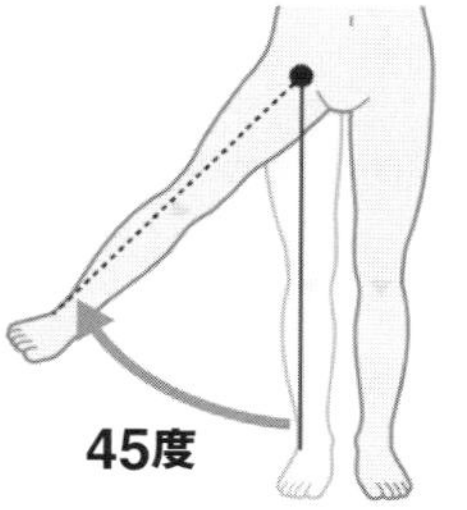

内転

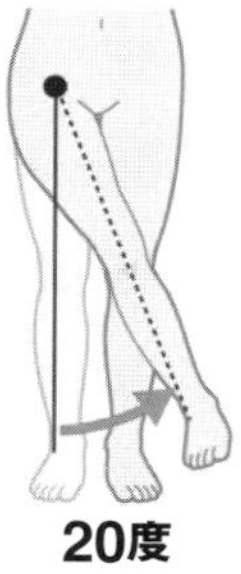

外転 ＝ 脚を外に広げる
内転 ＝ 脚を内に閉じる

外旋

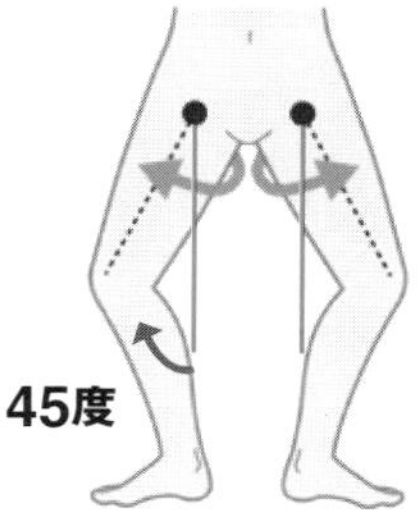

内旋

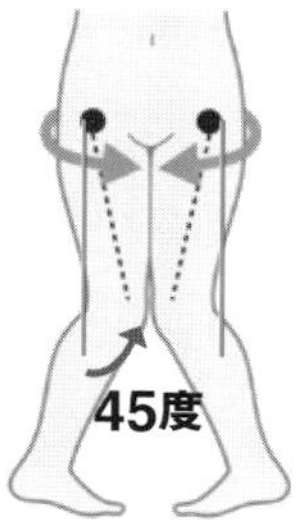

外旋 ＝ 脚を外向きにひねる
内旋 ＝ 脚を内向きにひねる

股関節のトレーニング

股関節をトレーニングすることで、股関節に体重を乗せたり、
身体を大きく屈曲させたり、脚を前後左右に広げたり、外側や内側に回すなど、
さまざまな動作が可能になります。

ヒップヒンジ

股関節の動きをメインに上半身と太ももを近づけていく。スクワットやデッドリフトのような筋トレの基本になる。胸と腰が少し張った姿勢を保ったまま、脚の付け根から上半身を曲げていく

背中を丸めない

シングルレッグデッドリフト

立った状態から胸と腰が少し張った姿勢を保ったまま、脚の付け根から上半身を曲げていく。と同時に、脚を床から離して後ろへ伸ばす。頭・背中・脚が一直線になり、地面と平行になるまで動く

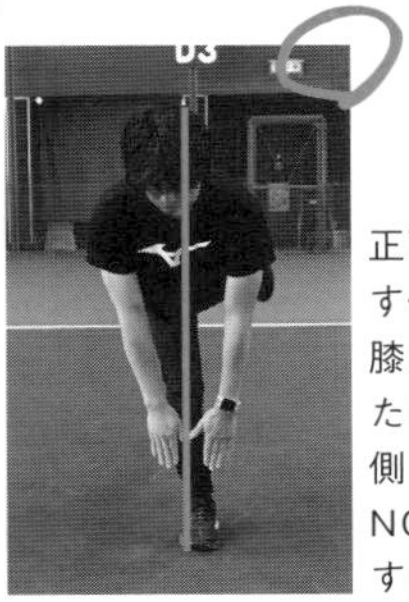

正面から見て脚を真っすぐにする（写真○）。膝が身体の内側に入ったり、足のつま先が外側に向いているのはNG（写真×）。ケガをする怖れがある

股関節による重心移動で立ち上がる

腸腰筋（※）により股関節を曲げ、重心を前方に移動させて立ち上がる。立ち上がるときはお尻を締めて骨盤を立たせる

※腸腰筋＝体幹と下半身をつなぐ筋肉。インナーマッスルの一つ

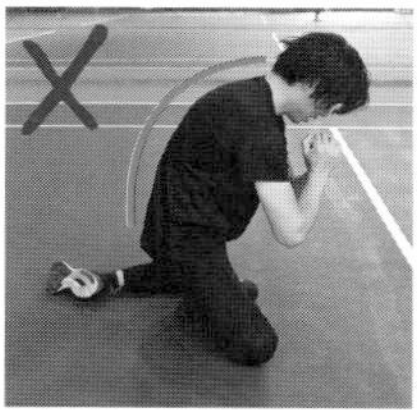

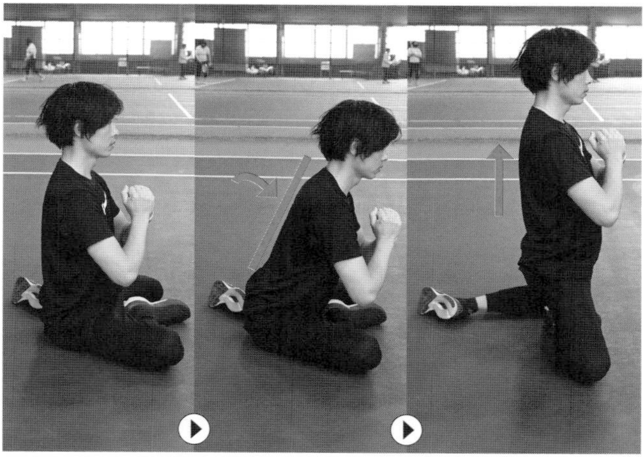

立ち上がる際に背中を丸めない

腸腰筋のトレーニング

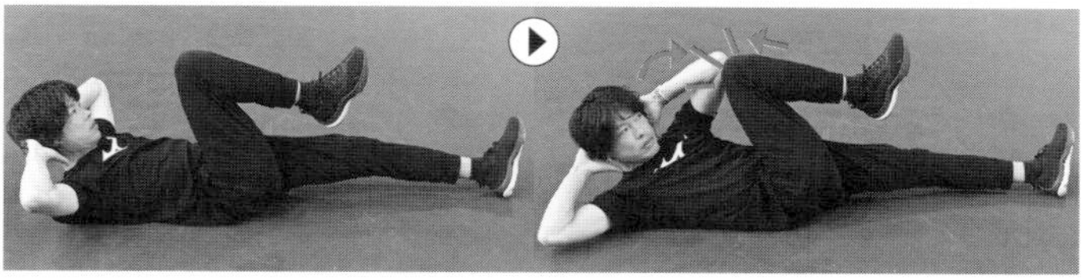

仰向けになり、対角線上の肘と膝をつけるように引きつける。このとき、お腹にも力を入れ、頭と体幹の軸を意識して上半身を大きくひねる

正中線から頭ー体幹がズレている例

トレーニングすれば股関節に体重が乗ってタメがつくれる

股関節のトレーニングによって股関節に体重が乗りやすくなり、ストロークに必要なタメがつくれるようになる。また、右足で地面を蹴る力が強くなり、パワフルなスイングが生まれる

股関節の屈曲・伸展のトレーニング

両手両足を床につけて四つん這いになった状態から、一方の脚を大きく前に踏み込む。終わったら、もう一方の脚も行う

※股関節の動きについては35ページを参照

四つん這いのときに背中が丸まったり（写真左）、踏み込んだときに後ろ脚の膝が落ちないように注意（写真右）

股関節の外旋・内旋のトレーニング

床に座り、両脚を左右に広げ、両膝を曲げる。そして、腹筋に力を入れた状態を保ちながら、股関節の外旋・内旋を行う

股関節を回旋させている間、体幹は真っすぐに。傾いてはいけない

体重をかけた状態で股関節を動かす❶

一方の脚で立った状態から股関節を動かす。へそを股関節の付け根に向かって動かすように意識しよう。腰と股関節をつなぐ腸腰筋を働かせるためでもある

元の体勢に戻る

一方の脚で立った状態

体重をかけた状態で股関節を動かす❷

一方の脚で立った状態からジャンプする。着地するとき、お尻を後ろに引くイメージで行う。ここまでのトレーニングで「股関節に乗る感覚」をつかめる。また、この感覚を元にトレーニングを積むと股関節を使えるようになる

ジャンプして着地したとき、脚は真っすぐな状態をキープする（写真○）。膝が身体の内側に入ったり、足のつま先が外側を向かないように。膝を痛める怖れがある（写真×）

一方の脚で立って安定しない場合、最初のうちはネットにつかまってトレーニングしてもOK

体幹トレーニングで注意すべき3つのこと

ここからは体幹トレーニングに入っていきますが、体幹トレーニングで効果を上げるために、次の3つの点に注意してください。

1つ目は、体幹トレーニングは「支え方を変化させる」と「安定性を変化させる」という2つの要素を元に組み立てられているということです。手や足で身体を支える位置を変えることで使う筋肉は変わってきますし、身体を支えるところが安定しているかどうかで筋肉の働きは異なってきます。その結果、体幹のいろいろな筋肉を鍛えることができるのです。

2つ目は、余分な力を抜いてスムーズに動くこと。息を止めずに、肩がすくんだり、あごが上がって首に力みが入ってしまうと、逆に余分な力が入っているためにスムーズに動くことが妨げられてしまいます。

3つ目は、自分のレベルに合ったトレーニングを取り入れること。いきなり難易度の高いトレーニングをすると、一部の筋肉に過剰なストレスをかける怖れがあります。また、大きな筋肉が努力し緊張を強めるためコンディションも崩しやすく、プレーを低下させる可能性もあります。

体幹トレーニングで得たい効果は、体幹動作の強い筋力と大きな可動性だと思います。また、パフォーマンスにつなげるための体幹強化は、目的を考慮して行うと、より効果的になります。

「支え方を変化させる」の例

両手両足で身体を支えている体勢（写真上）で行うこともあれば、左手と右足だけで身体を支える体勢（写真右）で行うこともある。後者では片側の重量を支える力が必要になるので回旋の筋肉が活動しやすくなる

「安定性を変化させる」の例

わざと不安定な状態にして行う体幹トレーニングの例。両肘の下にバランスディスクを置いた体勢（写真上）で行うこともあれば、左肘の下だけに置いて、さらに右足だけの不安定な体勢（写真右）で行うこともある

体幹ストレッチ

体幹トレーニングで効果を上げるには、全身がスムーズに動く状態でないといけません。
その状態をつくるのがストレッチです。全部で9種目あり、
それぞれゆっくり行ってください。体勢をキープする時間は20秒以上です。

腰部のストレッチ

仰向けになり、両手は腰に当てる。この状態から両脚を上げて、両足のつま先を床に向けて弧を描きながら下ろしていく。両足のつま先を床につけるのが目標

肩入れストレッチ

両脚を横に広げ、胸を張る。この状態から肩甲骨を寄せるように一方の肩をひねる。終わったら反対側も行う

肩入れをするときに上半身は傾けない

肋骨のストレッチ

イスに座り、頭の後ろで両手を組む。この状態から胸を横にスライドさせてひねり、右肘を天井に向けて引き上げる。終わったら反対側も行う（左肘を上）。肋骨のストレッチになる

両脚の間隔は最初から最後まで変えない。途中で間隔がグラグラする方はボールを挟むといい

背面のストレッチ

横になり、右肘と右腰を床につけ、左膝を立てる。次に左手を左脚の太腿の内側に当てる。骨盤を固定した状態から体幹をひねる。胸を前にひねるようにして、背面のストレッチを行う

スタートの体勢（写真左）。右肘と右腰を床につけて左膝を立てる

背中の筋肉をストレッチ

四つん這いになり、両手は肩の真下に置く。この体勢から背中を上下させる。背中を上方向に引き上げるときは左右の肋骨を締めるように曲げ、背中を下に落とす（反らす）ときは左右の肋骨を開く

体幹を左右に傾ける

四つん這いになって体幹を左右に傾ける

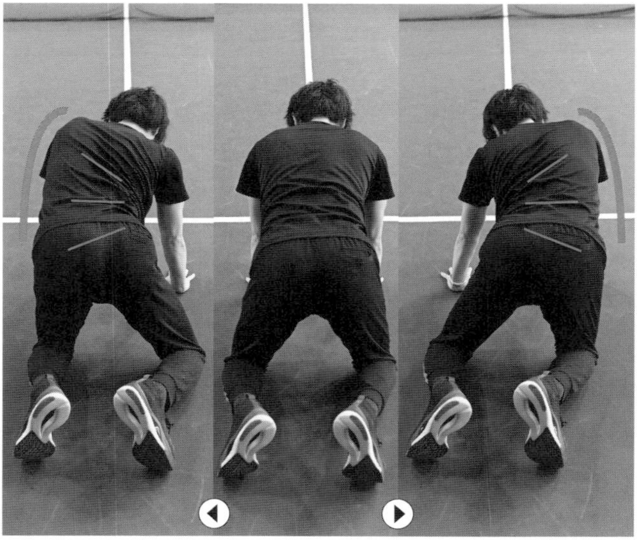

難しい場合は顔を後ろに向けると身体のひねりが生まれやすい

四つん這いになって体幹をひねる

四つん這いになる。右手を頭の後ろに当てる。この体勢から右肘を天井に向けて体幹をひねる。このとき、左手で床を押すようにして身体を開いていく。身体を閉じるときは肋骨を締めながら縮めて丸まる

肩付近のストレッチ

両脚を縦に開き、左脚のすねを床に対してほぼ垂直に立てる。左手を左膝の上に乗せ、胸をひねりながら肩を前に倒していく。肩付近がストレッチされる。終わったら反対側も行う

両脚を縦に開いた状態で体幹をひねる

両脚を縦に開き、右手は床につける。後ろ足のつま先で床を押し、脚は一直線に伸ばす。前脚はすねの部分を床に対してほぼ垂直にする。次に右肩を下げながら胸を開いていき、左手の先を天井に向ける。右手・左足・右足で二等辺三角形をつくってバランスをとる。終わったら反対側も行う

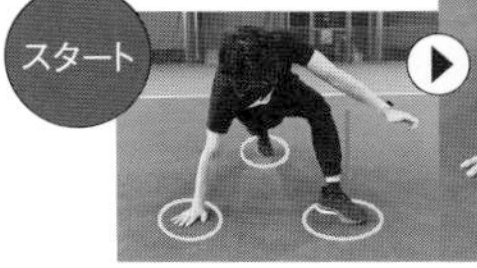

体幹トレーニング

ここから体幹トレーニングを紹介します。
最初は体幹の安定性を高めるブリッジトレーニング6種目です。
次に赤ちゃんから学ぶトレーニングが5種目。
さらにラケットを使うトレーニングが4種目。
そして、最後はバックハンドストロークに関連する4種目のトレーニングを紹介します。

ハンド&ニー

四つん這いになり、対角線上の手脚を上げる。上げた足のかかとを押し出し、お尻の張り感を意識する。手は親指を天井に向ける

お尻の張り感を意識する
親指を天井に向ける
かかとを押し出す

四つん這いになったとき、腰が反り過ぎたり（写真左）、丸まり過ぎない（写真右）ように注意

エルボー&トゥー

四つん這いから両肘を床につける。背中から腰まで一直線の体勢から、対角線上の手脚を上げる。身体の軸がブレないように意識すると、身体をひねる筋肉が働く

親指を天井に向ける
お尻の張り感を意識する
かかとを押し出す
肘を床につける。腕の角度はほぼ直角

バックブリッジ

仰向けになり、両膝を曲げる。そして、左足を斜め上に向かって伸ばす。この体勢から身体を支えている右足のかかとで床を押すようにお尻を上げる。骨盤が傾かないように、上げた左足のつま先は天井に向ける。終わったら反対側も行う

右足をより遠くに置くと難易度が上がる

腰は反らない。腰を痛める怖れがある

サイドブリッジ

肩の真下に肘をつき、身体を一枚の板のように真っすぐに保つ。この姿勢をキープして左足を上げ、左足のつま先は正面に向ける。こうすることで、左のお尻のトレーニング効果も得られる。なお、左足を上に広げることで難易度が上がる。終わったら反対側も行う

脚を伸ばして行うのが難しければ、膝を床につけてもOK

フロントブリッジ4動作

うつ伏せから両肘と両足のつま先で身体を支える形をつくる。この体勢から右腕だけ伸ばし、次に左腕も伸ばす。今度は右腕を曲げ、次に左腕を曲げて最初の両肘の形に戻る。これを繰り返す

肩だけ上がって身体全体が落ちているのはNG

クロスブリッジ

うつ伏せから両手両脚を伸ばす。両手の親指は天井に向ける。この体勢から対角線上の手脚を上げる

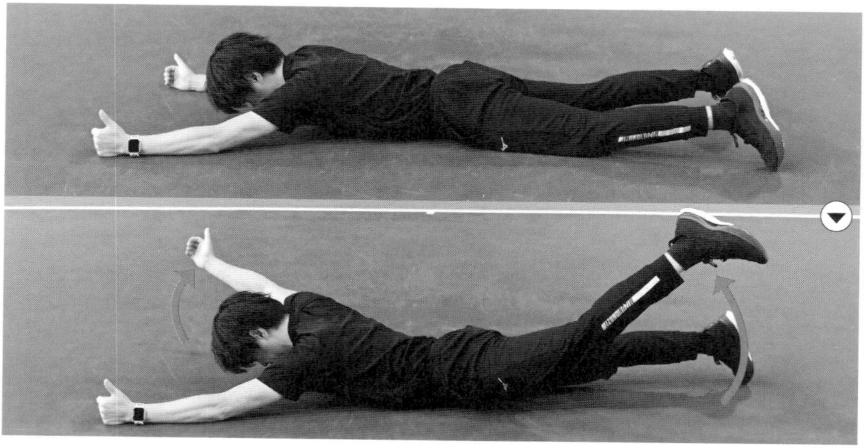

赤ちゃんから学ぶ体幹トレーニング

体幹と手足の動作を良くする方法として、赤ちゃんの動きを再現したトレーニングが効果的です。生まれてすぐの乳児期は、身体が柔らかく歪みなどのない状態で、仰向けの状態から体幹や手足のバランスを整えて良い姿勢をつくり始めます。そして、仰向けで泣くことや手足を動かすことなどを通じて体幹を鍛え、抗重力位での姿勢や安定性を向上させます。

さらに、四つん這いやお座り、立ち上がりなどの動きを通じて、体幹の（バランスや協調性）機能を高めていきます。

このように、人間は誰しも赤ちゃんの時期から体幹（中心部）の機能を高めていることから、人間の体幹と手足の動きの発達には、赤ちゃんが生まれてから立ち上がるまでの発達に沿ってトレーニングを進めることが重要なのです。

仰向けトレーニング

体幹の安定性を強化できるトレーニング。仰向けの状態で両肘と両膝をつけ、この状態を5秒間キープする。次に、両手両脚を開いて5秒間キープ。これを5回〜10回繰り返す

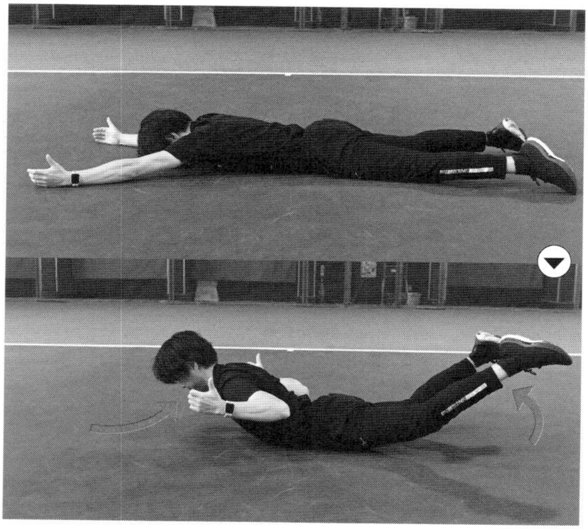

うつ伏せトレーニング

肩甲骨、背筋、股関節（臀筋）を強化できるトレーニング。うつ伏せから両手両脚を伸ばして5秒間キープ。その後、両手を引き寄せて胸を張り5秒間キープ。これを5回〜10回繰り返す

両手を引き寄せるときに肩甲骨を引き寄せる

四つん這いトレーニング

体幹、肩甲骨、股関節の安定性を強化できるトレーニング。四つん這いから片手と対角の脚を伸ばして5秒間キープ。次に、肘と膝を引き寄せ、腰を丸めて5秒間キープ。これを5回〜10回繰り返す

座位トレーニング

体幹強化と背面の柔軟性をトレーニング。座って両足の裏をくっつけ、お腹に力を入れる。この体勢から後ろに転がり、つま先を床につける。そして、腹筋を使って起き上がる。これを5回～10回繰り返す

座ったときに両足の裏をくっつける

立ち上がりトレーニング

体幹と下半身の連動性を強化するトレーニング。つま先立ちで両膝を外に開いてしゃがむ。次に、つま先立ちのままバランスを崩さずに真上に立ち上がる。これを5回～10回繰り返す

ラケットを使った体幹トレーニング

❶身体をひねる

ラケットを両手で挟み、脚を前後に開く。この体勢から胸の高さで身体を左右にひねる。頭の位置は固定し、バランスをとりながら行う。慣れてきたら、動きをスピードアップしよう。体幹に刺激が入りやすくなる。5～10回繰り返す

ラケットは胸の高さをキープ

❷胸の反りと振り下ろし

ラケットを両手で挟み、脚を前後に開く。この体勢からラケットの振り上げ（胸の反り）と振り下ろし（背中を丸める）を行う。頭と下半身は固定し、胸の動きを意識して行う。5～10回繰り返す

❸胸を横へ動かす

ラケットを両手で挟み、脚を前後に開く。この体勢から横方向に胸を動かす。頭と下半身は固定し、胸の動きを意識して行う。5〜10回繰り返したあと、反対側も行う

❹胸を斜め方向へ動かす

ラケットを両手で挟み、脚を前後に開く。この体勢から斜め方向に胸を動かす。頭と下半身は固定し、胸の動きを意識して行う。胸のひねり・反り・曲がりの複合した動きになる。5〜10回繰り返したあと、反対側も行う

バックハンドに関連する体幹トレーニング

フォワードランジ

立った姿勢から一方の脚を前方に踏み出す。上体を倒して胸を太ももの前に近づける。踏み出した足のかかとから着地し、足裏全体に体重を乗せる。太ももの裏（ハムストリングス）にストレッチ感を覚える。5～10回繰り返したあと、反対側も行う

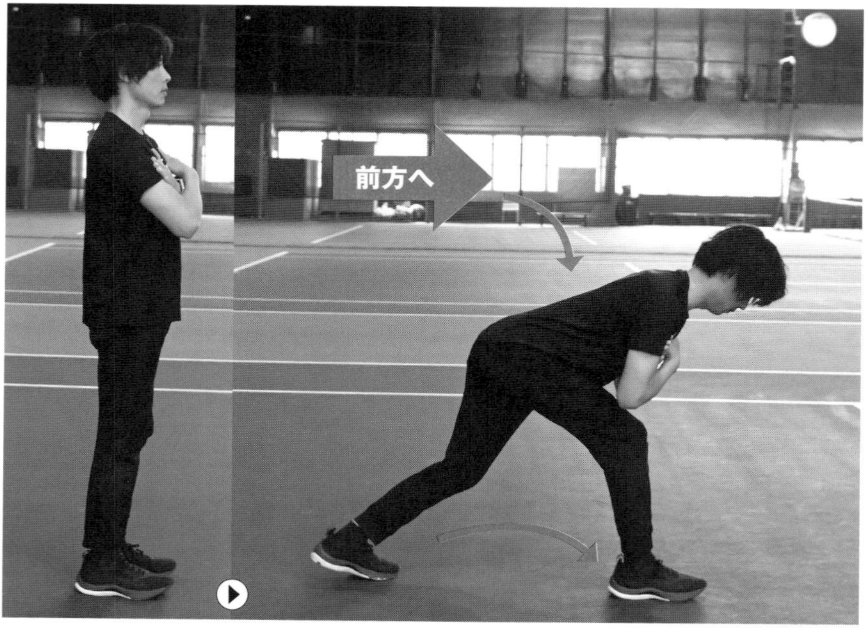

前方に踏み出した脚の膝を曲げるフロントランジとは違う。フロントランジは下半身の強化が目的

バックワードランジ

脚を後方に引く。上体を倒して胸を太ももの前に近づける。体重は前足に乗せ、太ももの裏（ハムストリングス）にストレッチ感を覚える

後方に引いた脚の膝を曲げるバックランジとは違う。バックランジは下半身の強化が目的

正面から見る

両脚跳びからの両脚着地

立った状態からしゃがみ、両脚で地面を蹴ってジャンプ。股関節を引いて両脚で着地する。着地の姿勢はお尻を天井に向けるイメージ。太ももの裏（ハムストリングス）がストレッチされていることを感じよう

両脚で着地 ◀ 両脚で地面を蹴ってジャンプ ◀ しゃがむ ◀ 両脚で立つ

着地の姿勢はお尻を天井に向けるイメージ

スタート時や着地したときに両脚が内股になったり猫背にならない

両脚跳びからの片脚着地

立った状態から反動をつけながらしゃがんで一気にジャンプ。股関節を引いて片脚で着地する。両脚着地と同様に、着地の姿勢はお尻を天井に向けるイメージ。太ももの裏がストレッチされていることを感じよう

片脚で着地 ◀ 反動を利用してジャンプ ◀ 反動をつけながらしゃがむ ◀ 両脚で立つ

両脚のときと同様に着地ではお尻を天井に向けるイメージ

着地のときに膝が身体の内側に入ったり、足のつま先が外に向かないように注意。膝を痛める怖れがある

コラム❶

強い選手になるために 練習前後は身体をケアしよう

練習前後に身体をケアするウォーミングアップとクーリングダウンは、競技を行うために必要不可欠な時間です。

練習前に行うウォーミングアップの主な目的は、「体温（筋温）の上昇」「パフォーマンスの向上とトレーニングの効率化」「外傷・障害の予防」の３つです。特に重要なのが「体温（筋温）の上昇」です。動くことで筋肉の収縮と弛緩（ゆるみ）が起こり、筋肉が収縮することで熱エネルギーが発生。体温＝筋温が上昇します。通常は37度前後の筋温が39度くらいになると身体中の機能が高まってきます。

ですから、時間がない場合でも最低10分程度はウォーミングアップを行うことをおすすめします。このように、ウォーミングアップは、選手が想像している以上に身体の動きを高めてくれることを知ってください。

一方、練習後のクーリングダウンは、主に練習で溜まった疲れを早く回復させるために行います。

コートでボールを打つだけが上達への道ではありません。ウォーミングアップとクーリングダウンを行って自分の身体をケアすることも、強い選手になるための条件だと言えるでしょう。

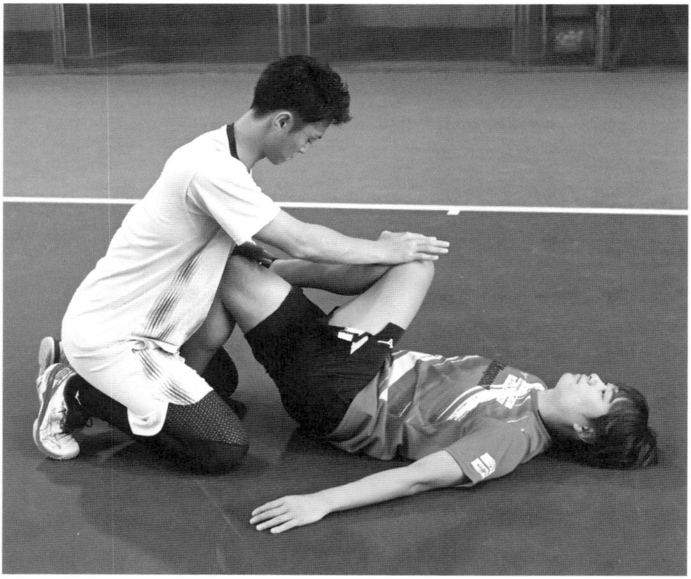

トップ選手は練習前後にウォーミングアップとクーリングダウンを必ず行う。第5章でトップ選手によるウォーミングアップを詳しく紹介しているので、ぜひ取り入れてほしい

第2章

サービス編

さまざまな動きを連動させて打つサービス。
それらの動きを理解し、
トレーニングで強化すれば、
入る確率が高く力強いサービスを
手に入れることが可能だ。

トレーニングの対象

サービス❶ 投球と打球

九島一馬選手

トレーニングの対象

サービス② 打球とメディシンボール

打球

メディシンボール投げ

トレーニングの対象

足を寄せる

サービス③ スタンスの違い

足を寄せない

トレーニングの対象

サービス④ カットサービス

チェックポイント 1　CHECK！

自ら加速させたラケットが持つエネルギーをボールに伝えているか？

「相手に良いリターンを打たせない」という目的のために、サービスは「オーバーヘッド系スイングで打つ＝オーバーハンドサービス」が基本になってくると思います。

また、グリップはウエスタンではなく、セミイースタンからイースタンが最適です。

より正確なサービスを打つには、自ら加速させたラケットが持つエネルギーをボールに伝えることです。そして、そのエネルギー量を決めるのは「速度」になります。具体的には、インパクト前後のラケット速度が速いほど、強いショットを打つことができるということです。

ただし、腕を動かすだけではラケットの速度は出せません。腕だけでは大きいエネルギーは生み出せないのです。

「ボールを強く打て」というより、「インパクト前後のラケット速度を上げる」ことが重要です。「腕を振る」段階までにラケットの加速は完了し、そうするとそのあと、ラケットはボールに勝手に向かっていくと考えてください。ボールを打つ段階で、慌てて「一生懸命腕を振る」必要はないのです。

この仕組みを知った上で身体全体のトレーニングをしましょう。そうすれば、身体の連動性をうまく使うことができます。

さらに、ラケットを効果的に加速でき、ラケットの軌道を安定させることができます。

体重移動・体軸の前進はラケットを加速させるための一つの動き

ラケットを加速させるためには、身体のさまざまな動きが連動して初めて可能になる。その一つが九島選手が実践している体重移動・体軸移動だ。後ろにかけてあった体重を前に移動させる（体軸を前進させる）ことでエネルギーが生まれる

打つまでにさまざまな筋肉や関節を連動させているか？

（運動連鎖を使っているか？）

前ページで、サービスで重要なのは「インパクト前後のラケット速度を上げること」だと述べました。そのために欠かせないのが運動連鎖です。

ラケットを振るときに末端部分であるラケットを最大限に加速するには、「足→股関節→体幹→腕→手首→ラケット」へと順番に身体を動かして力を伝えていき、最後にラケットを通してボールに力を伝えることが必要です。この間、さまざまな筋肉や関節が連動して働いていますが、これを運動連鎖（キネティックチェーン）と呼びます。

この運動連鎖のきっかけになるのが、地面反力です。地面から跳ね返ってくる力のことで、この力を使うことができれば、腕の力に頼らず大きな筋肉である下半身を主体的に動かすことができ、その結果、ラケットはしなるように速く振られていきます。腕力だけに頼る必要はありません。

この地面反力をはじめ、下半身で加速力を高めるトレーニングが、76ページから解説しているプライオメトリクストレーニングです。

みなさんが地面反力を体感できる簡単な実験があります。地面をグッと踏むように、両膝を曲げて深く沈み込んでから両膝を伸ばしてジャンプしてみてください。棒立ちの状態からジャンプするのに比べて、高く跳べるはずです。この跳べる力を地面反力と言うのです。

地面反力を体感する

棒立ちの状態からジャンプしても、ほとんど跳ぶことはできない。しかし、地面をグッと踏むように深く沈み込んでから（両膝を曲げる）ジャンプすると（両膝を伸ばす）高く跳べるはずだ。この跳べる力を地面反力と言う

テークバックで踏み込むことで地面反力が発生

九島選手のテークバックを見ると（①）両膝を深く曲げている。このように踏み込むことで地面反力が発生し、その後、両膝を伸ばすことで上へ力を伝えていき、腰の回転とともにインパクト前後のラケットの速度を上げている（②）。腕に頼らなくてもパワフルなサービスは打てる（③）

CHECK！

チェックポイント 3

肩・胸・肘が正しい形をつくり、正しく動いているか？

ラケットを加速させるには、肩の動く軌道上に手・腕・ラケットがあることが重要です。また、ラケットを持つ手はリラックスさせておきましょう。

具体的には、2つの点に注意してください。ひとつはテークバックが終わったときの形です。このとき、右肘が両肩を結んだライン上にあり、ラケットは立っています。一方、ボールを上げる左手は真っすぐ上がっていること。この形をつくることで、エネルギーを発生させる動きになります。右肘が下がっていたり、ラケットが寝ているのはNGです。

もうひとつは、ラケットを振り上げるときに胸を上に向けることです。この動きを行うことで、ラケットがやや遅れてインパクトに向かって振り出されていきます。曲がっていた右肘は伸びていき、その中で手首は内側に返っていきます。

このように肩・胸・肘が正しい形をつくり、正しく動くためには、体幹部の柔軟性や可動性（関節運動をコントロールする）をトレーニングする必要があります。46〜59ページに掲載しているので、ぜひ取り入れてください。

肩の上に腕を上げてラケットを縦に振り下ろす“羽子板サービス”は、腕の力しか使えません。運動連鎖や正しい動きを身につけられるトレーニングで、相手に良いリターンを打たせないパワフルなサービスを身につけましょう。

肩・胸・肘の形と動きの注意点

①テークバック終了時に右肘が両肩を結んだライン上にある。また、左手は真っすぐ上がっており、ラケットは立っている

②ラケットを振り上げるときに胸を上に向けている。この結果、ラケットヘッドが下を向いているが、この位置からラケットはインパクトに向けて振り上げられていく

③肩・胸・肘が正しい形と正しい動きをすれば、自然と手首は内側に返っていく

下半身の加速力を高める
プライオメトリクストレーニング

　チェックポイントでお話ししたように、サービスは下半身（左右の脚）で地面を押す力を使い、下から上に向かって動きが連動されていき（運動連鎖）、ラケットへエネルギーを伝えていくショットです。

　これらを強化するトレーニングをプライオメトリクストレーニングと言います。筋肉が急激に伸長されると勝手に急激に収縮する＝伸張反射＝ＳＳＣという筋肉の動きを利用して行う、筋力とスピードを組み合わせたトレーニングです。

　ポイントは、瞬間的に筋肉と腱を引き伸ばし、脳に『危ない！』と思わせ、エネルギーを使わずに無意識に筋肉と腱を縮ませるという一連の流れを一瞬で身体に起こすことです。

　プライオメトリクストレーニングを行うことで、より素早く、より爆発的な力を最小限のエネルギーで生み出すことができます。つまり、下半身の加速力を高めることができるのです。

　下半身のプライオメトリクストレーニングはジャンプトレーニングがメインになります。大きく分けてジャンプ、バウンド、ホップの3種類があります（左ページ）。

　さらに、跳ぶ方向も、バーティカルジャンプ（垂直跳び）、ブロードジャンプ（水平跳び）、ローテーショナルジャンプ（回転跳び）の3種類に大きく分けられます（次ページ）。

ジャンプ

両脚で跳んで両脚で着地する

バウンド

片脚で跳んで逆の片脚で着地する

ホップ

片脚で跳んで同じ側の片脚で着地する

バーティカルジャンプ

垂直跳び＝真上に跳ぶ

ブロードジャンプ

水平跳び＝前方に跳ぶ

止まった状態から一瞬で爆発的な力を生み出す

これらの6種類のトレーニングを組み合わせて行うことで、ソフトテニスのさまざまな動きに対して安全に着地できるようになり、止まった状態から一瞬で爆発的な力を生み出す動きができるようになります。

ローテーショナルジャンプ

回転跳び＝真上に跳びながら横回転する

ダイアゴナルバウンド

方法

片脚で跳んで逆の片脚で着地する。この動きを連続で行う。進む方向は斜め前にしてみよう。最初は1回ずつ。慣れてきたら連続で行う

ココがポイント

連続で行う場合は、できるだけ地面にいる時間を短くすること。着地した瞬間にすぐ次のバウンド動作を行うことで、筋肉の瞬間的な伸張と収縮を起こし、SSCの能力を鍛える

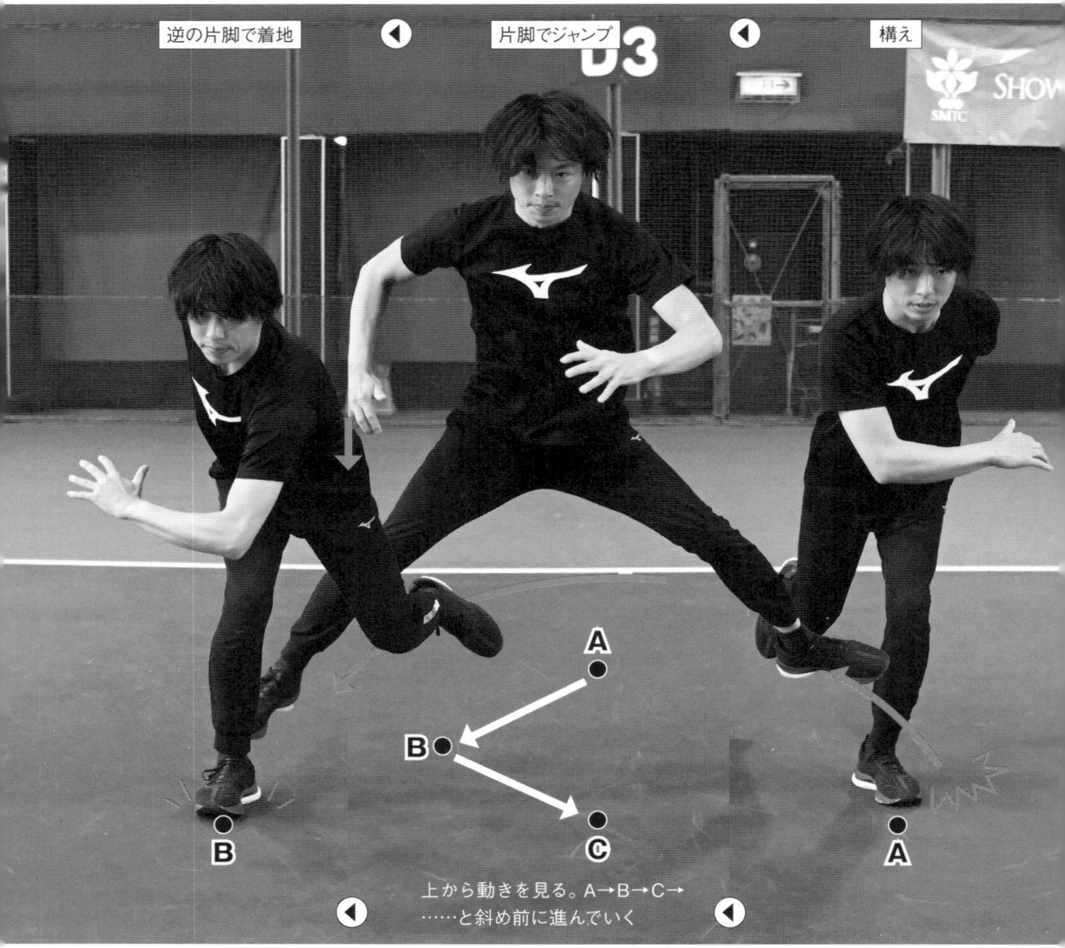

ローテーショナルホップ

方法

片脚で跳んで同じ側の片脚で着地する。ただし、しっかりと勢いをつけて跳び上がったあと、90度回転して着地する。最初は平坦な床で行う。難易度を上げるときは段差を利用して跳び乗る動きを行う

ココがポイント

1回1回勢いをつけ、できるだけ高く跳び上がろう。片脚での着地の練習も、プライオメトリクストレーニングにおいて重要な要素となる

その場で跳んで、その場に着地する

成功のポイント

このトレーニングは、「1cmでも高く跳ぶ」「1cmでも遠くに跳ぶ」を目標にしてください。お尻を引いたり腕を素早く振るなど動きのコツのようなものがいろいろと言われますが、考え過ぎず、トレーニング中は「高く跳ぶ、遠くに跳ぶ」ことに集中しましょう。

メディシンボールトレーニング①

方法

1〜2kgのメディシンボールを両手で持ち、両腕を振り上げて頭の後方から頭上を通してボールを床に叩きつける

ココがポイント

両腕だけ使うのではなく、体重移動・体軸の移動（並進運動）を利用する。体重を後方から前に移動させ、その結果、両腕が後ろに引かれ、それを腹筋でブレーキをかけるイメージ

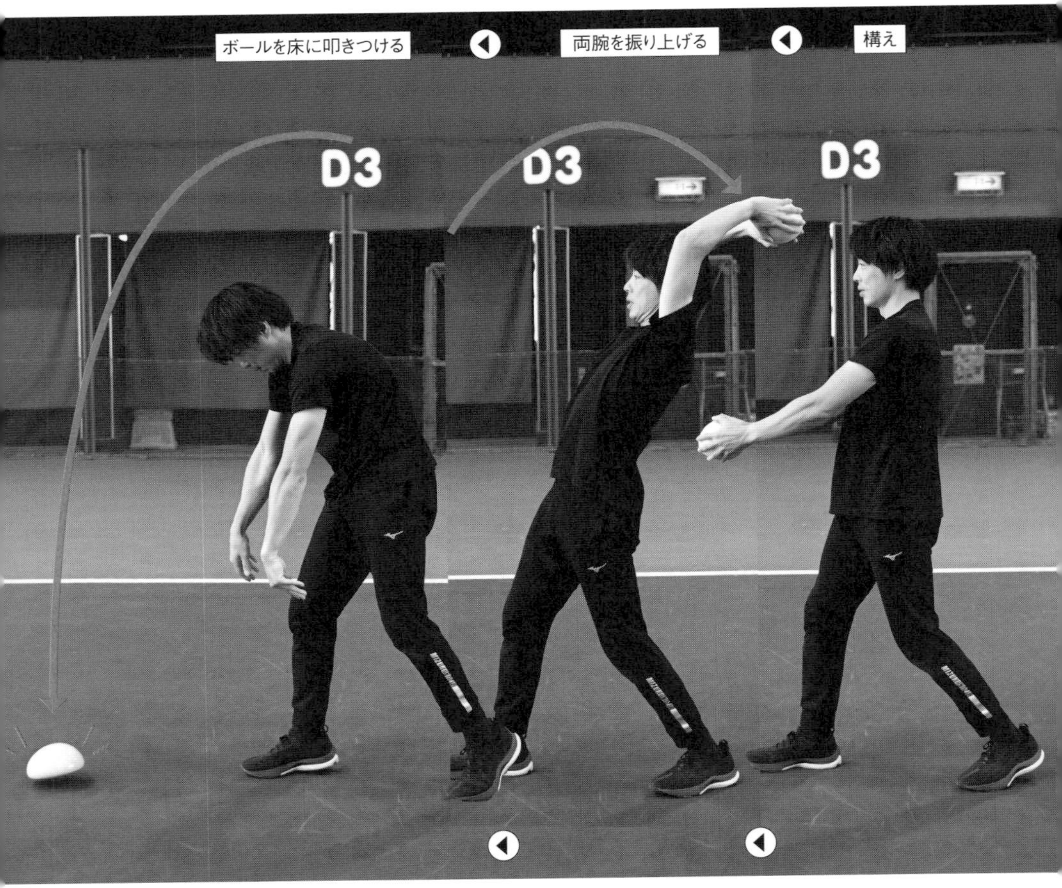

メディシンボールトレーニング②

方法

サービスを行う動作でボールを床に叩きつける

ココがポイント

頭の上やや前方でボールを離すが、その直前がもっとも両腕の振りを速くする。手投げにならないようにボールを離したあとは脱力を意識する

両手でボールを持って構える
上半身をひねって両手を振り上げる
上半身をひねり切る
①
②
③

ひねりを戻し始める
D3
頭の上やや前方でボールを離す
曲げていた左脚を伸ばす
ボールを床に叩きつける
④
⑤
⑥

コラム 2

脚がつらないための予防策と脚をつったときの対処法

脚がつるとは、筋肉がケイレンすることで硬くなり、痛みをともなったまま動かせなくなった状態を指します。特に多いのがふくらはぎにある「腓腹筋（ひふくきん）」という筋肉のケイレンで、「こむら返り」とも言います。太ももや腹筋、足裏などの筋肉もケイレンすることがあります。

炎天下の長い試合途中で脚をつるイメージがありますが、練習中や睡眠中に起こることもあります。日頃からふくらはぎのストレッチや次の予防ポイントを実践してください。

予防のポイント

- ミネラルバランスをよく摂る
- 運動前のウォーミングアップ
- こまめな水分補給
- 足浴や入浴で身体を温める

予防1 ふくらはぎのストレッチ

タオルを足先に引っかけて膝は伸ばしながら身体のほうに引く。ふくらはぎの伸びを感じるところで30秒ほど止める

予防2 つま先上げげと、かかと上げ

循環を促すつま先上げげと、かかと上げを数回繰り返す。ただし、足がつっているときは行わない。また、バランスがうまくとれず、ふらつく方は座位や壁や手すりなどにつかまって行う

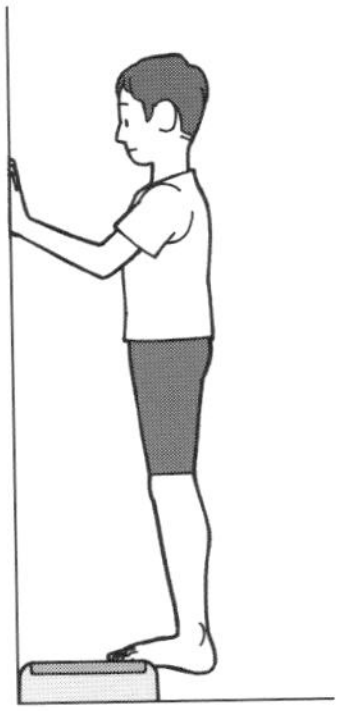

脚をつったときの対処法

つった脚の筋肉を伸ばす。ふくらはぎがつった場合は、つったほうの足先を手で反り返す（筋肉を伸ばすことができる）。立っているときはつったほうの脚を後ろに引いてアキレス腱を伸ばす姿勢になる

痛みが和らいできたら

ふくらはぎをマッサージしたり足首を回したりして血行を良くする。なお、脚がつったとき、無理に筋肉を伸ばすと肉離れになることがあるので、ゆっくり筋肉を緩めるように注意して行う

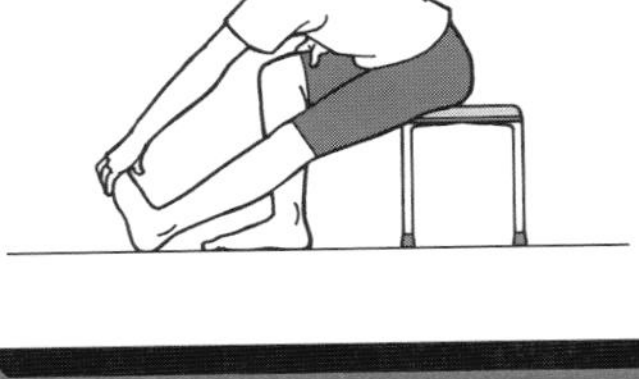

第3章

フットワーク編
（ネットプレー&ストローク）

正しいフットワークを実践してこそ
正確かつパワフルなショットが打てる。
この章では、ネットプレーとストロークで使われる
フットワークを解説したあと、
フットワークを強化できるトレーニングを紹介する。

トレーニングの対象

ボレーの基本

九島一馬選手

トレーニングの対象

ボレー（遠いボール）

D3
D3
D3

D2
D2
SHOWA-NO-MORI TENNIS CENTER

D2
SHOWA-NO-MORI TENNIS CENTER

トレーニングの対象

スマッシュ

トレーニングの対象

サービスダッシュ

トレーニングの対象

船水雄太選手

左右のボール

田中トレーナー

トレーニングの対象

ネット近くに落ちたボール

トレーニングの対象

回り込みフォアハンド

チェックポイント 1

CHECK !

脚の各部位の機能をチェックする

フットワークに関するストレッチやトレーニングを紹介する前に、フットワークを支える脚の各部位の関節機能をチェックしましょう。

特に膝関節に負担のかかるリスクとして、①太ももの前側の筋肉が硬い、②足首が硬い、③膝関節があまり伸びないことが挙げられます。それぞれに当てはまるものがあれば、あとで紹介するストレッチやトレーニングをしっかり行いましょう。

大腿四頭筋（太ももの前側の筋肉）の硬さをチェック

うつ伏せになって足首をつかみ、かかとをお尻に近づける

硬いと、かかとがお尻につかなかったり、お尻につけようとするとお尻が浮く（写真左）

足首の硬さをチェック

つま先と膝の向きを同じにしてしゃがむ。硬いとつま先が外を向いたり、後ろに尻もちをつく

膝関節を伸ばすことができるかどうかをチェック

硬いと膝裏が浮いて床との間にすき間ができる

膝を伸ばして座り、足首をできるだけ反らし、つま先を真っすぐ天井へ向ける

ニーイン・トゥーアウトを改善させる

ケガの元となるニーイン（膝が身体の内側に入る）・トゥーアウト（つま先が外を向く）の動作になる原因は、主に大殿筋や中殿筋といったお尻の筋肉やハムストリングス（太ももの裏の筋肉）が弱いことやうまく機能していないことが挙げられます。

片脚で立って、足のつま先を正面に向ける。膝を30度まで曲げてスクワットしてみると、自分がニーイン・トゥーアウトになっているかどうかがわかる

ニーイン・トゥーアウトにならないためのトレーニング

胸を太ももに近づけるイメージでお尻を後方に引く

お尻の筋肉とハムストリングスを鍛えるトレーニング

仰向けになってお尻を上げながら片脚を真っすぐ斜め上へ伸ばす

チェックポイント 2

CHECK!

唯一地面と接する足と足の指の状態をチェック

足と足の指は唯一地面に接地する部位として、固定性と可動性が要求される特殊な役割があります。特に足の指が十分に地面に接していないと姿勢のコントロールが不十分で、テニスをする上で不安定になります。

時に柔軟に、時に強固に、その形態を変えて身体の土台としての役割を果たしているのです。ここでは、走るときのパフォーマンスを低下させる3つのトラブルを紹介しましょう。自分の足・足の指の状態と比べてみてください。

偏平足

偏平足は、足の裏にある土踏まず（アーチ）がつぶれ、足裏が平らになった状態です。足にうまく体重をかけることができず、身体が安定せず、片足立ちをしにくいのが特徴です。

軽度の扁平足であれば目立った症状が現れることはありませんが、症状がひどくなると歩く際にも足裏に痛みを感じることがあります。また、長時間の運動で足にかかる負担が大きくなり、疲労が蓄積してパフォーマンスの低下を招きます。ほかにも、外反母趾や足の甲の疲労骨折を引き起こす可能性があります。

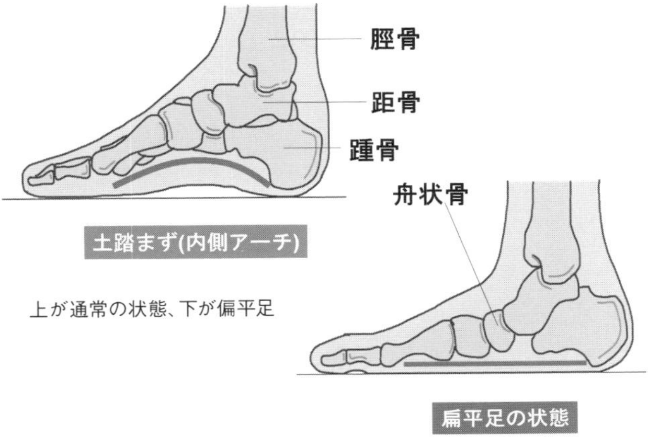

上が通常の状態、下が偏平足

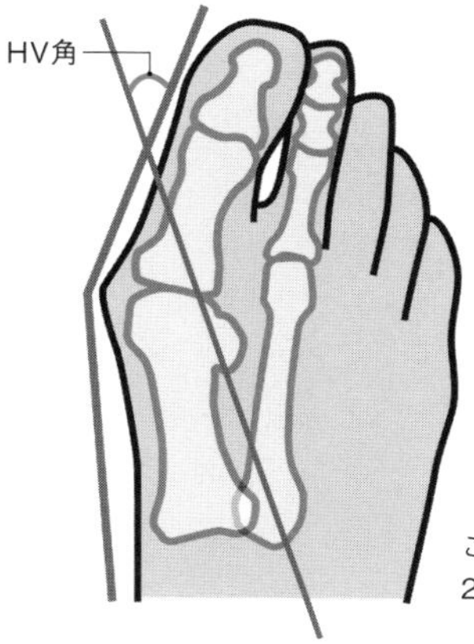

この角度をHV角と言う。
20° 以上が外反母趾

外反母趾

外反母趾（がいはんぼし）とは、親指の付け根が小指方向に曲がった状態（外反）　のことを言います。外反母趾角（HV角）が20° 以上を外反母趾としています。

症状は、親指の付け根に痛みを感じたり、たこができること。また、外反母趾は土踏まず（アーチ）の低下と関係するため、身体のバランスの低下や踏ん張りの低下、さらには膝・股関節・腰の痛みにもつながります。

浮き指

浮き指は立っているときや歩いているときに足の指が床や靴底に接地しない、接地していても指先に力を入れて踏ん張れない状態を指します。

そして、足が地面に接する面積が小さくなり、足の指で踏ん張れないため、身体をうまく支えることが難しくなり、バランス感覚に異常をきたします。

身体に不必要な力をかけ続けることとなり、脱力が難しくなり、力んだ動きになりやすくなります。また、常に身体が強ばり、慢性的な肩こりや腰痛が引き起こされることがあります。

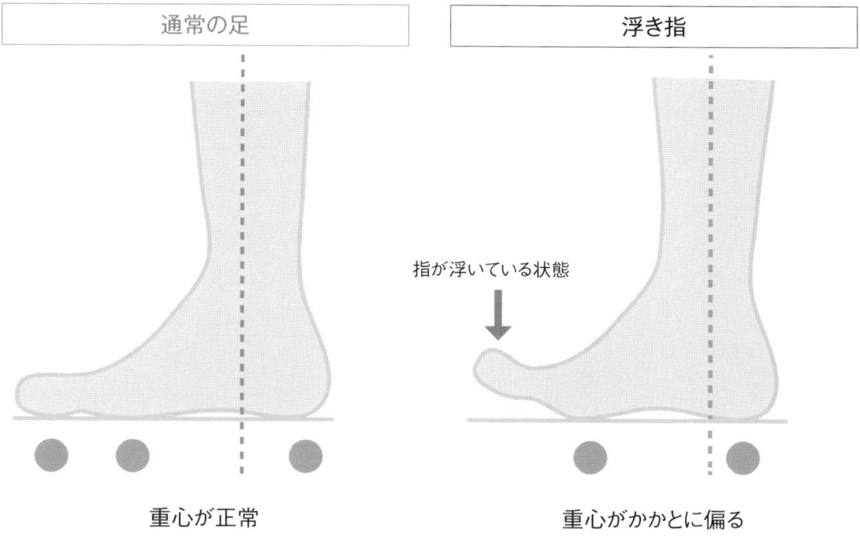

CHECK!

チェックポイント 3

母趾球に関する正しい情報を身につけているか？

母趾球とは、足の親指の付け根のふくらんだ部分です。この部分は大きな役割を担っていて、世界のトップアスリートが基本に据えている部分でもあります。

その役割は主に4つ挙げられます。

1つ目は、コート上で頻繁に起こる切り返し動作。母趾球を意識するとバランスがとりやすく、切り返す動きもスムーズになります。逆に小指側に体重が乗ってしまうと捻挫のリスクにつながったり、バランスを崩す原因にもなります。

2つ目は回転（スイング）の軸。母趾球を支点にすることで、膝の動揺を抑え、股関節の動きを出しやすくします。結果、股関節を使うことができ、スイングや方向転換がスムーズになるのです。

3つ目は動き出しの速さ。パワーポジションから1歩目の動き出しのときに、足裏の真ん中＋母趾球に体重を乗せるイメージで準備姿勢をとることで、足部が安定した状態で地面を蹴ることができます。

最後は足指のグリップ力。母趾球に体重をかけると足部の安定＝アーチが高まり、足指のつかむ力が高まります。結果、踏ん張りやバランス力を高めることができるのです。

これらの役割を理解し、母趾球を使いこなすことができれば、より重心移動がしやすくなり、より安定したステップワークを手にいれることができます。

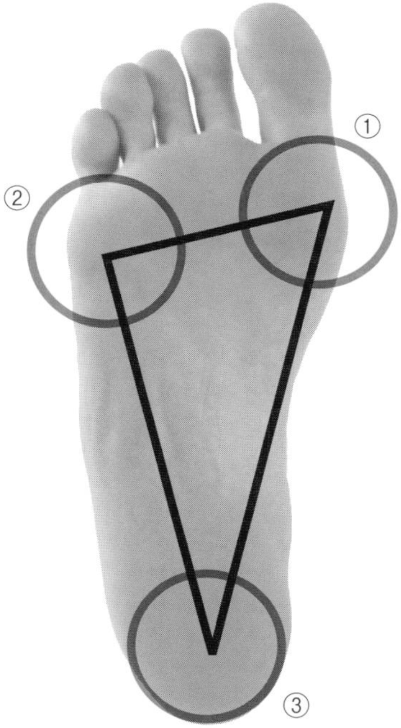

足裏の3つのポイント

足裏は3つのポイントがバランスをとって体重を支えている。母趾球（①）、小指球（②）とかかと（③）である。これらに加えて、足裏の真ん中にある土踏まずも重要で、本来なら土踏まずの真下に体重がかかるのがベストな立ち方

構えで母趾球荷重を意識すれば動き出しが変わる

相手の動きや不規則なボールに素早く反応するには、船水選手のように構えで母趾球に体重をかける（荷重）といい（①）。瞬発力や俊敏性を高めることにつながる

足の土踏まずを改善し母趾球を鍛える

土踏まずを保持する筋肉を鍛え、母趾球を鍛えるトレーニングを紹介します。
このほかに、足の指の間に手の指を入れてやさしく握るストレッチを行ったり、
床にタオルを敷いて、その上に足を置いて
足の指を握り込むようにタオルを引き寄せるトレーニングもおすすめです。

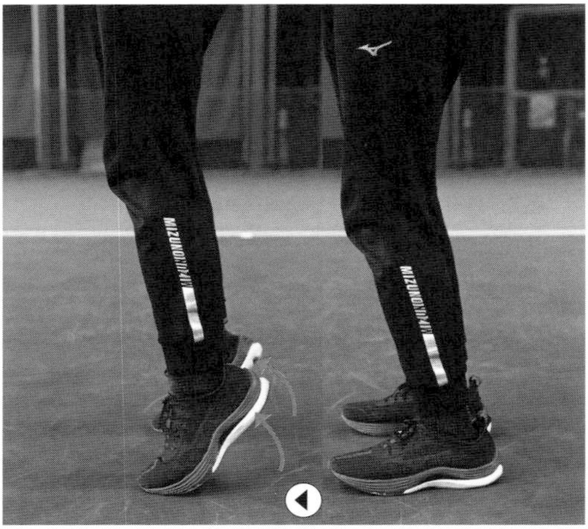

カーフレイズ

足の指で踏ん張ることなく母趾球側に体重をかけ、かかとを上下に動かす。このとき、腓骨筋（膝から下の外側についている筋肉）を使っている感覚を感じることが重要

×
小指側に体重をかけない

スクワット

股関節を外旋させる大殿筋を強化して内股を改善するトレーニング。両足のつま先を正面に向けたまま、膝を外に開く

最初の状態のときに両足の外側に体重をかけない

つま先を外へ向けない

コンビネーション・カーフレイズ

パワーポジションからスクワットの姿勢でしゃがみ、その体勢でかかとを上げてから立ち上がる。重心が前に移動しないように。最初は重心が前に移動しても倒れないように壁に手をついて行っても良い

小指側に体重をかけない

ツイスティング

パワーポジションからかかとを浮かせた状態になる。次に母趾球を支点にかかとを右に動かして着地する。そして、再びかかとを浮かせて左に動かして元の状態に戻って着地する。これを繰り返す。上体と骨盤は動かないようにする

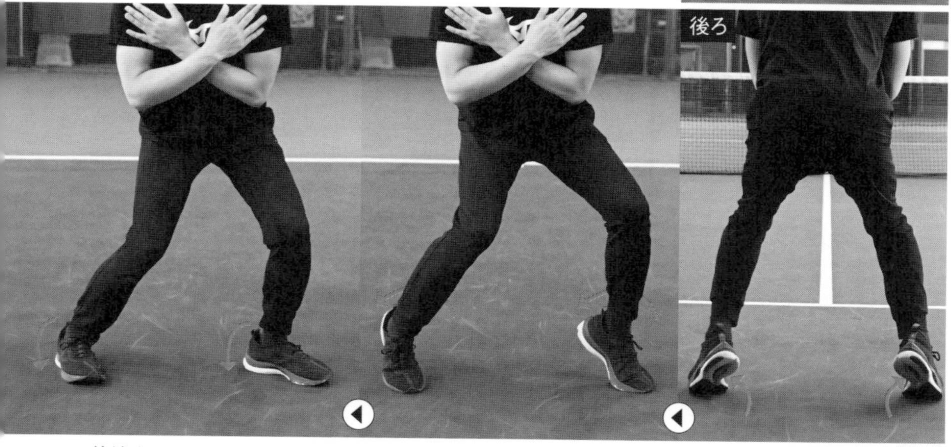

着地する。このあと、再びかかとを浮かせて左に動かす

母趾球を支点にかかとを右に動かす

かかとを浮かせる

シューズサイズの
正しい合わせ方と結び方

フットワークを鍛えても、シューズが正しく合っていないと実力を発揮できません。例えば、シューズを履いてかかとが簡単に脱げてしまうと身体のバランスがとれず俊敏に動けません。

このような場合、自分の足の実寸より少し余裕があるサイズ（0.5cm～1cm）を選びましょう。中敷きがあれば、それを取り出して足の裏に合わせてみてください。中敷きのほうがほんの少し大きければピッタリですし、中敷きと足の実寸がピッタリ合っていれば、少しきつめということになります。きつめの場合はサイズを上げてください。

また、シューズを買うおすすめの時間帯は午後3時頃です。ほどよく疲労感が溜まって足がむくむ時間帯に測ることで、朝でも夜でも履けるちょうど良いサイズになります。気にし過ぎる必要はありませんが、朝早くに買ったり、夜遅くに買ったりするとサイズの違いが出る可能性があります。

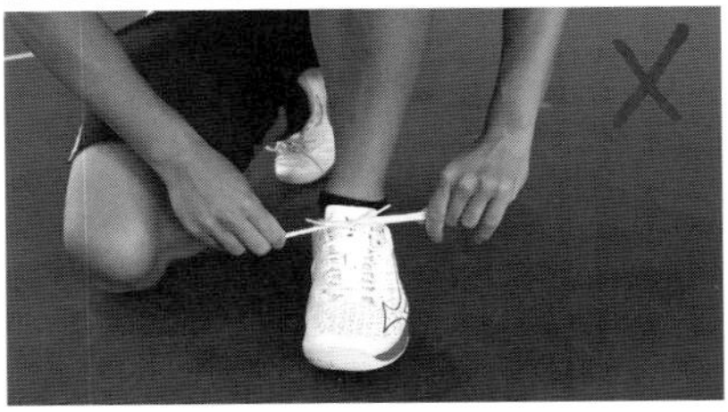

結ぶときは かかとを立てる

つま先を立てて、かかとの位置で紐を結ぶことで足のアーチをつくることができる。その結果、紐をしっかり結ぶことができ、シューズの性能を引き出せる（写真○）。かかとを立てないで紐を結ぶとルーズになりやすい（写真×）

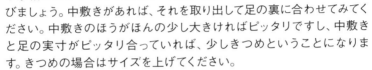

テニスでは いかに速く反応して動くことが重要

最初の1歩の速さを決める2つの要素

テニスは、いかに速く反応して動くことができるか（瞬間的な力の発揮能力）が勝負の鍵となります。100m走を速く走る能力とは違い、最初の1歩のほうが重要なのです。最大筋力や体格で劣っていても瞬間的な力を発揮する能力が高ければ、優位に立つことができます。

1歩目の速さを決める要素は2つ。ひとつは、力を素早く立ち上げる能力（瞬間的に素早く動く筋力）です。筋力を発揮するスピードが遅ければ反応が遅れてしまうため、トレーニングでは力を素早く立ち上げる能力を鍛える必要があります。もうひとつは、力の発揮方向や身体の使い方（ムーブメントスキル）です。「姿勢や構え、足の向き」や「どのように動かすか」といった身体の使い方・仕組みを考える必要があります。

力を素早く立ち上げる能力を高めるプライオメトリクストレーニング

力を素早く立ち上げる能力を高めるためには、できるだけ多くのモーターユニットが瞬時に動員される必要があります。

モーターユニットとは、1本の運動神経とそれが支配している筋繊維のこと。モーターユニットの数や1本の神経が支配している筋繊維の数は、筋肉の部位によって異なります。

一般に、顔面や頸部（首の部分）、指のように複雑な動きをする部位はモーターユニット数が多く、支配する筋繊維数は少なくなります。

一方、大腿四頭筋や上腕二頭筋などの大きな部位はモーターユニット数が少なく、支配する筋繊維数が多くなります。つまり、モーターユニ

モーターユニット

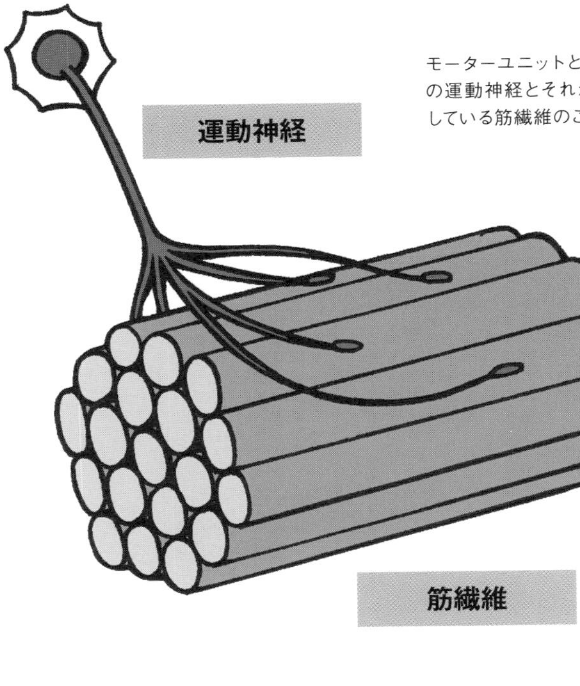

モーターユニットとは1本の運動神経とそれが支配している筋繊維のこと

※プライオメトリクストレーニングは74～81ページを参照

ット数を増やすトレーニングがパフォーマンスを高めるのです。

　そのトレーニングですが、マシンなどを使ってのトレーニングは単純な動きなのでモーターユニットはあまり動員されません。ところが、ベンチプレスやスクワットなどのフリーウエイト（自分の体重をコントロールするトレーニング）は複雑な動きになるため、動員されるモーターユニットは多くなります。

　多くのモーターユニットを動員できれば、それだけ多くの筋繊維を働かすことができます。そのためには高重量を用いることが重要ですが、軽い重量でも多くのモーターユニットを動員させる方法があります。それがプライオメトリクストレーニング（爆発的挙上）です。一気に重量を持ち上げることで、多くのモーターユニットを動員することができます。特に、瞬間的に大きな力を発揮できる速筋線維を鍛えることが1歩目の速さのポイントとなります。

要素 2
力の発揮方向や身体の使い方を高める ムーブメントスキルトレーニング

「姿勢や構え、足の向き」や「どのように動かすか（動きのフォーム）」といった身体の使い方・仕組みを理解し、最適化するためにはフットワークなどのトレーニングが有効です。これをムーブメントスキルトレーニングと言います。

　相手は前後左右にボールを打ってくるので、それを判断の上、素早く移動することが必要です。近いボールと遠くに落とされたボールでは使うステップも違います。ライバルに差をつけるためには、ラケットを操作するフォームと同様に身体を動かすフォームや方法も鍛える必要があります。身体の使い方や動かし方の基本をマスターすれば、よりソフトテニスの上達につながります。次ページからムーブメントスキルトレーニングを紹介しているので、ぜひ取り組んでください。

ムーブメントスキルトレーニング

このトレーニングは全部で13種目あります。
スタートダッシュや逆サイドへの素早い移動、
下がるためのステップなど、
コート内でボールを追うときに必要なフットワークを鍛えるものを揃えています。

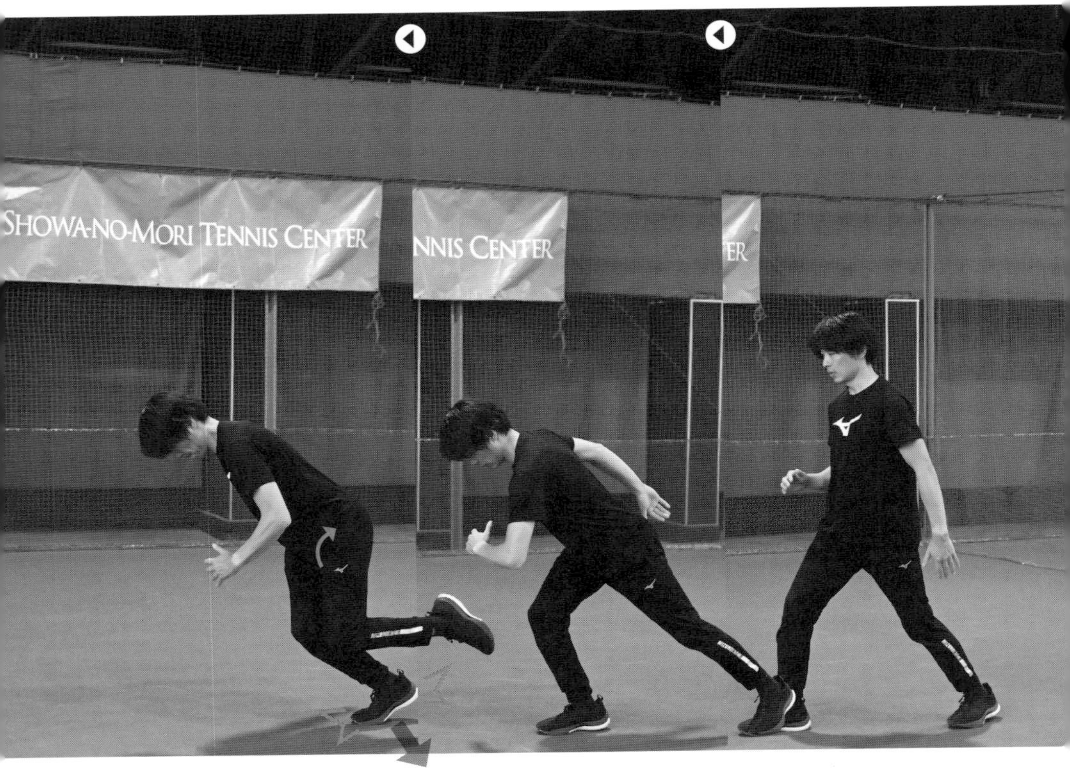

右足で地面を蹴る! ◀ 構え ◀ 位置について

スタートダッシュトレーニング

方法

スプリットスクワット（スプリットは半分の意味）のポジション（両脚を前後に開いて前傾姿勢）をとり、合図と同時に素早く前方へダッシュする

ココがポイント

後ろ足を蹴ってスタートする人が多いが、大事なのは9割が前足（写真では右足）。スタート地点から前足で蹴って3歩ダッシュしてみよう。力は前足から、足の真ん中で地面を押して蹴って前に行く。1歩だけ頑張ること（踏ん張る）。あとは自然に加速する。特にテニスは3〜4mの動きがほとんどなので1歩目の速さを身につけよう

左足で地面を蹴って3歩ダッシュ ◀ 左足で着地 ◀ 跳躍 ◀

スキップ

方法

片脚の足裏の真ん中で地面を押すイメージで行う。空き缶をつぶすイメージでやってみよう

ココがポイント

もも上げを意識するのではなく、着地のときに力を入れて、着地時間を短く、弾むような感覚で行う

サイドスキップ

方法

スキップに慣れたら、次は横方向に動いていくサイドスキップに挑戦しよう。足裏の真ん中で地面を押すとき、進行方向に地面を押すようにする

クロスオーバーステップ

方法

逆サイドに素早く移動したいとき、動き始めの1歩をクロスオーバーステップで行う。このステップはより大きな力を発揮することができ、遠い距離への移動に有効なステップ。身体の使い方は進行方向側の足（写真では右足）に体重を乗せ、地面を押すように膝を伸ばす。左方向に動くときは左足で地面を押すイメージで移動の力を発揮させる

ココがポイント

足のすねを倒すこと＝足首を曲げることで、より横方向である進行方向に強い力を伝えることができる。足首の柔軟性が重要

サイドステップ

方法

サイドステップは細かいステップになるので、スイングの準備や動き出しの準備動作で使う。効率の良いサイドステップは、後方の脚（写真では左脚）で地面を押すように移動する。よく見かけるのは、つま先が「ハ」の字のように外を向いたケース。この状態では、股関節・膝・足首が十分に使えず、大きな力を発揮できない。また、膝や足首のケガにもつながる

ココがポイント

後方の脚で地面を押すとき、つま先を内側に絞るように股関節を使うこと。また、足裏の真ん中で地面を横方向に蹴るように移動しよう

バックステップ

方法

スマッシュの準備のためなどに使うのがバックステップ。落下点へ素早く行くためには、股関節を使ったバックステップが有効。野球の外野手が飛球を追いかけるのと同じで、お尻を引くような動き出しを心がける

ココがポイント

股関節から上半身をひねり、バランスを崩し、後方へ倒れる力を利用すると1歩目のスピードが上がる。初動を股関節から行うと動き出しが速くなる

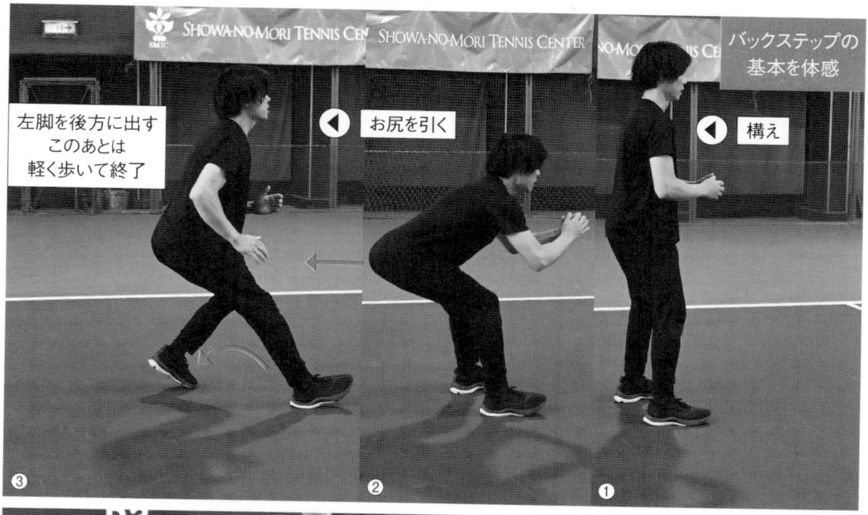

横方向に（サイドラインに向かって）進むときのストップ動作

方法

横方向（サイドライン方向）へダッシュしてから方向転換するときのストップ動作。脚をクロスさせてストップ動作を行う。右方向へのダッシュ動作からの切り返しの場面（写真下）では、左脚をクロスさせて左脚で踏ん張るように減速を行う。その後、右脚で完全にストップ動作を行い、切り返し動作を準備する

ココがポイント

左脚での減速が重要。右脚だけで切り返しのためのストップ動作を行うと踏ん張り切れず、次の動きが遅くなる

前方向に（ネットに向かって）進むときのストップ動作

方法

股関節を後方へ引いて、お尻ともも裏の筋肉でストップ動作を行う。膝を曲げるストップ動作は膝を痛めるリスクが高いことや、ストップ時に上体が前方に突っ込みバランスを崩しやすくなる

ココがポイント

股関節を後方へ引いて重心を後ろへ傾けるイメージで行う。また、足裏全体もしくはかかと側でストップ動作を行う。つま先で行うとバランスを崩すので注意

両脚ジャンプ（スクワットジャンプ）

ダッシュ力は1歩目の速さが大切で、瞬間的に素早く動くための身体の使い方も影響します。
そこで、最初にダッシュ力に関係する垂直跳びを行ってみましょう。
真上にジャンプする動きで地面に力を加える動きを覚えるのです。

方法

正しい姿勢・動きで垂直跳びを行う。股関節・膝・足首と３つの関節が連動して屈伸する動きをつくれるか。そこから、曲げた3つの関節を一気に伸ばし、上方向への力を発揮させる。よくある間違いは、ジャンプを踏み切るときに、つま先で地面を押してしまうこと。結果、伸び上がる動きが膝中心となり、膝を曲げたような空中姿勢となってしまい、地面を押す力を逃してしまう

ココがポイント

真上にジャンプするために踏み切るときは足裏の真ん中を意識して地面を押す

足裏の真ん中を意識して地面を押す

反復横跳び

方法

左右にサイドステップを行う。右方向へ移動するときは、左脚で地面を押す。つま先は正面を向き、かかとを少し浮かせた状態で、足の内側で地面を押すように移動と切り返しを行う。上体と頭の位置は一定を保ち、体幹を意識する

自分から見て右方向→左方向に動く

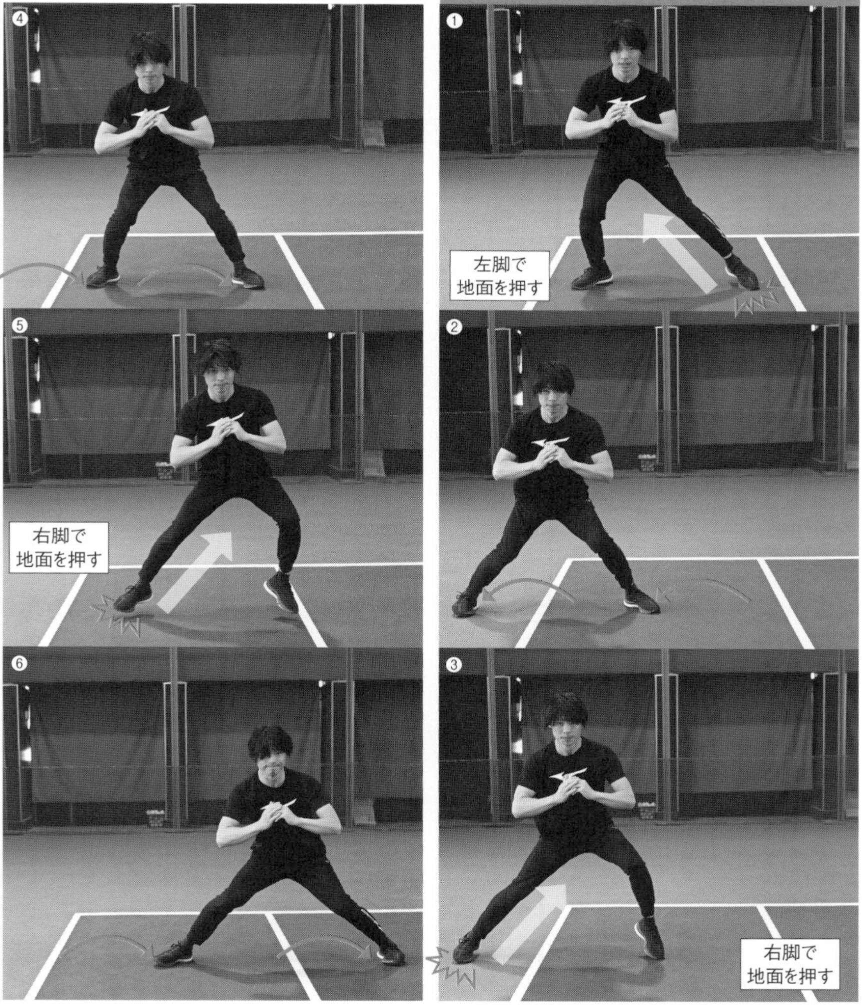

サイドステップジャンプ

方法

サイドステップを行う要領で大きく横にジャンプする。右方向へ移動するときは力を発揮するために左脚で地面を押す。空中姿勢では、脚がクロスしないように注意

クロスオーバージャンプ

方法

脚を前にクロスさせて横方向に移動する。右方向へ移動するときは、サイドステップジャンプとは違って右脚で力を発揮させる。右の股関節・膝・足首を曲げ、力を溜め地面を押すように移動しよう。より動き出しを素早くするために右の股関節・膝・足首を使った深いスクワットを行って沈み込めば、より強い力を発揮できる

自分から見て右方向→左方向に動く
①
両脚着地で準備
②
深いスクワットの体勢から右脚で地面を押す左脚をクロスさせる
③
④
①左脚②右脚の順で着地
⑤
①左脚②右脚の順で着地
⑥
深いスクワットの体勢から左脚で地面を押す右脚をクロスさせる
⑦
⑧
①右脚②左脚の順で着地

その場で片脚ジャンプ

方法

1（ケン）・2（ケン）・3（パ＝着地）のリズムで、その場で片脚ジャンプ＆着地を行う。着地姿勢は股関節を後方へ引き、股関節で衝撃を吸収するイメージ。膝を大きく曲げて着地しないように注意

つま先と膝は真っすぐ前方を向く（写真○）。つま先が外を向いたり膝が内側に入らないように。ケガの元になる（写真×）

前方向に片脚ジャンプ

方法

前方向に1（ケン）・2（ケン）・3（パ＝着地）のリズムで、片足ジャンプ＆着地を行う。着地姿勢（股関節を後方へ引き、股関節で衝撃を吸収するイメージ）や注意点（膝を大きく曲げて着地しない）は右ページと同じ。慣れてきたら大きく前方向にジャンプして強度をアップしよう

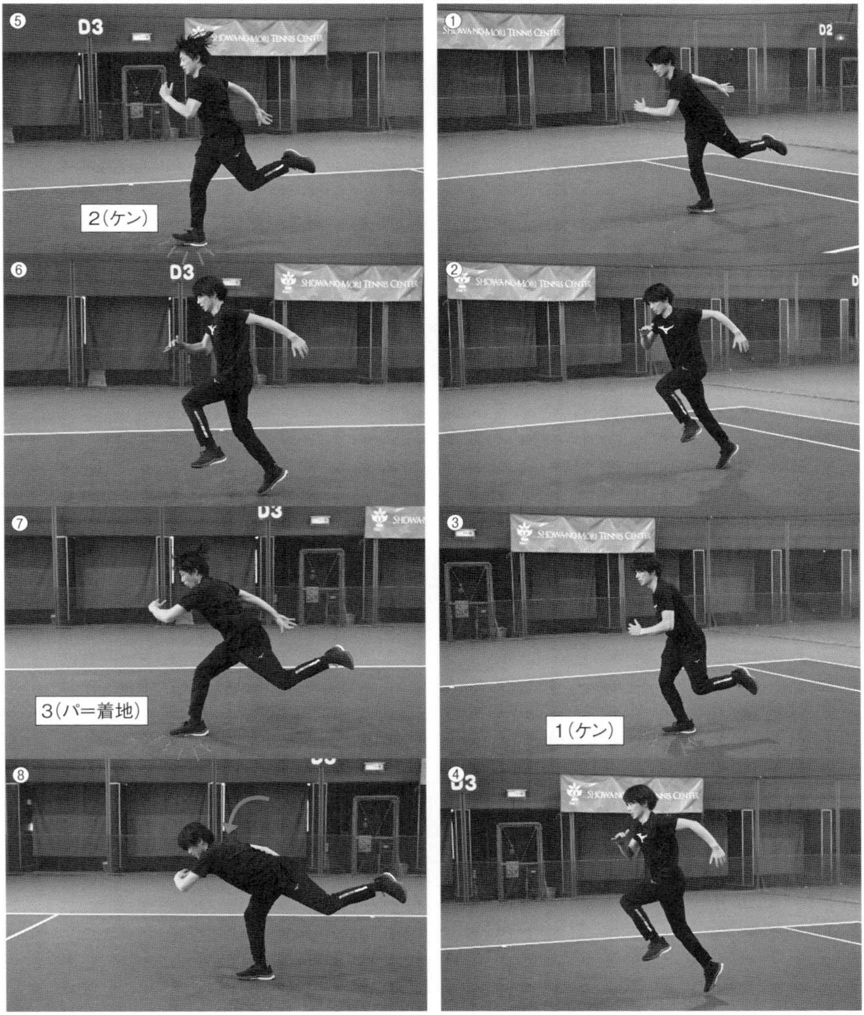

フットワークで知っておきたい足の機能

足裏で地面をとらえる際のかかとの使い方と方向転換するときの母趾球の使い方

足裏は、身体の中で唯一地面と接地する部分です。かかとと足の親指の付け根にある母趾球の使い方を知り、正しく使うことでパフォーマンスの向上が見込まれます。

まずかかとについて。減速やストップは、進んでいる方向とは逆の方向へ力を加えなければなりません。そして、逆の方向へ力を加えるためには、つま先を上げてかかとから着地する必要があります（左の船水選手の写真③と④）。つま先を上げ、かかとから接地する動きは足首が固定された状態でもあり、力を伝達しやすく、より安定した状態で着地が可能となります。また、かかとから足裏へ荷重することで地面との摩擦力を高め、減速力を強めることができます。

逆に、つま先での着地は地面との摩擦力が低く、足の固定力も低いため制動力に欠け、膝が前方向に抜けるような力が働きます。その結果、膝の前につく大腿四頭筋に過剰なストレスがかかり、膝のケガや足首の捻挫につながりやすくなります。

次に母趾球について。方向転換やスイング時の身体をひねる動作をより効率的に行うためには母趾球を使います。地面を点で捉えることができ、ストロークなどで必要なコマのような回転ができるようになります。

さらに、かかとを浮かせて母趾球で荷重することで足部のアーチの剛性を高め、足指のグリップ力を高めることができます。その結果、ストロークなどでより強い回転力を生み出すことができます。

船水選手がストップするときの足の使い方

ストップするときにつま先を上げてかかとから着地していることがわかる（③〜④）

フットワークで知っておきたいステップ①

砂入り人工芝に必須のスライドステップで安定した状態でのスイングが可能に

スライドステップとは、主に遠くのボールに対応するときに使うステップです。

打球地点に入る際に、ダッシュで移動したエネルギーを滑ることで減速させて、身体を安定させた状態でスイングすることを可能にします。また、滑ることでストロークに余裕が生まれることもあります。

滑る動きは、身体が安定した状態でないとうまくできません。このときの姿勢はパワーポジションと言われる「もっとも力を発揮しやすい姿勢」＝「もっとも安定している姿勢」となります。この姿勢はストロークの基本でもあるため、滑ることでスイングの準備を整え、余裕のあるストロークが可能になります。

ただし、滑り方を誤ると足首の捻挫などのケガにつながります。安定したスライド動作で思ったところで止まるには、足の向きや身体の使い方がポイントです。膝で滑るのではなく、体幹と膝は安定させ、股関節と足部で滑る（減速する）イメージで行います。そうすることが機能的な身体の使い方になります。

砂入り人工芝のコートで行う試合で船水選手らトップ選手は積極的にスライドステップを使っている

スライドステップの動き

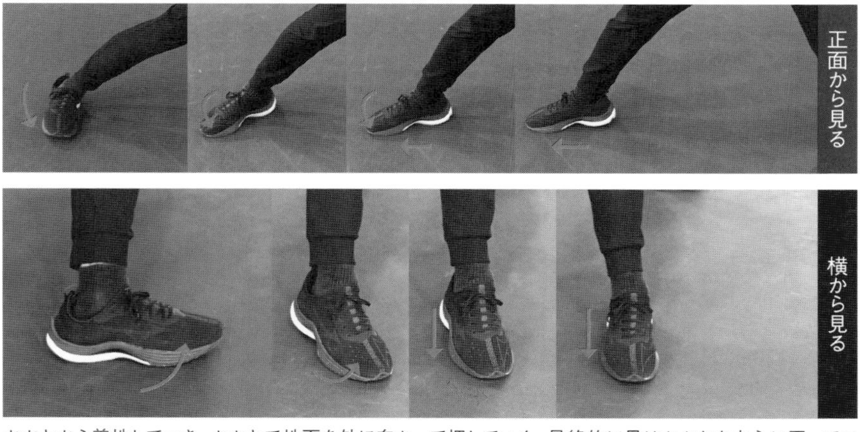

かかとから着地していき、かかとで地面を外に向かって押していく。最終的に足はかかとを中心に回ってつま先が正面を向く

フットワークで知っておきたいステップ②

あらゆる方向への素早い移動を可能にするスプリットステップ

スプリットステップはテニスの基本動作の一つで、相手ボールに反応するときに行います。
目的は、相手が打ってくるときに、あらゆる方向へ瞬発的に動く準備をすることと、相手を見てタイミングを計ることです（相手を見る時間をつくる）。遠くのボールに追いついたり、速いボールに反応するときに効果的と言えます。

スプリットステップの基本は、両脚で軽くジャンプしたあと、スクワットの姿勢（パワーポジション）をつくること。なぜならこの姿勢をつくれば、地面を効率的に押すことができ、どの方向にも力強く動くことができるからです。
また、ジャンプすることで得られる力（＝地面からの反発力）を利用して瞬発的な一歩を踏み出すことができるようになります（ジャンプ着地時の地面からの反発力は体重の約４・５倍と言われています＝脚に体重の約４・５倍の負荷がかかります）。
両脚でのスクワット姿勢ができれば、次に片脚でスクワットを行うスプリットステップの習得を目指しましょう。動きのきっかけの幅が広がります。

スプリットステップの目的

あらゆる方向へ瞬発的に動く準備をする

タイミングを計る（相手を見る時間をつくる）

スプリットステップのお手本

軽くジャンプしてスクワットの姿勢で着地する。こうすることで下半身の関節（股関節・脚・膝）での遊び運動でタイミングを調整することもできる。重要なのは下半身の関節を連動させて動かすこと

コラム 3

床面との摩擦が強くなるインドアで必要な4つのフィジカル

ウッドやラバーマットのようなインドアのサーフェスでは、床面との摩擦が強くなるため、ボールはよく弾み、球速は遅くなる特徴があります。また、ボールの回転数や回転方向のかけ方によってボールの弾み方が変化しやすくなります。

例えば、シュートボールは弾んだあと、球速が落ちるため決定打にはなりにくく、試合は前衛のスマッシュでポイントを取るゲームになりやすいです。また、ボールに回転をかけることで変化をつけたサービスやカット、スライスなどのショットが増えてきます。

このような状況で必要なフィジカルは4つ考えられます。

1つ目は体幹力（バランス能力）。地面とのグリップ力が強くなるため、ストップや切り返し時などに身体にかかる地面からの力が強くなります。この強い衝撃にタイミングよく発揮できる強い体幹力が必要になってきます。

2つ目は反応・反射能力です。スマッシュなどに反応する身のこなしやラケット動作が求められます。

3つ目は変化に対応できるステップワーク。細かいステップや止まる前に減速するステップが必要です。

そして、4つ目は筋力。床面の摩擦が強いため、ストップや減速、着地動作に強い筋力が必要になってきます。

床が木材の体育館の弾み方

一般的に、ウッドの縦目はバウンド後のボールが伸びてくるように弾み、横目は止まるように弾むと言われている。これは、フロア材の凹凸の向きに起因している。縦目はボールの進行方向に対して引っかかりがないために、バウンド後に伸びるようになる。一方、横目はボールの進行方向に対して直角（そこまではないとしても角度がつく）ようになるために、フロア材の継目に引っかかり止まるような変化（跳ね上がる）の仕方になると考えられている

第4章

パフォーマンス向上に役立つ知識

試合に勝つためには

身体のパーツの役割と動きを知る必要がある。

ここでは、肩甲骨、肩、肘を中心に取り上げて解説する。

ほかに、正しい呼吸法と疲労回復の方法も紹介するので、

ぜひ取り入れてほしい。

トピックス 1

走りと関係する腕の振り その役割と正しい動かし方を知る

走る際に欠かせないのが腕の振りですが、腕振りを意識している方は少ないのではないでしょうか。

腕振りには重要な役割があります。走っているときに体幹のブレを最小限にとどめ、過剰なエネルギーの消費を防ぐことに役立つと言われています。また、走る動作の安定性が高まり、地面反力を大きくすることができます。地面を強く踏み切ることができ、ストライド（歩幅）の大きな一歩につながるのです。

この腕振りと下半身の動きを連動させるためにはタイミングが重要です。

具体的には、着地に合わせて腕を振り下ろし、引いた腕を素早く前に振り下ろします。また、切り返しを素早くできるように意識します。動きを大きく強くすることで大きなストライドになり、細かく素早くすることでピッチ（回転）をつくることができます。

身体の部位から言えば、腕を振る際に意識してほしいのが肩甲骨。肩甲骨とは背中側の上部にある三角形をした大きな骨で、体幹と腕・手をつないでいます。左右に羽のようについている肩甲骨は、背骨を通じて足運びを支える骨盤と連動しているのですが、肩甲骨を使って腕を後ろへ引くと、その動作が背骨を通して骨盤へと伝わります。骨盤は前へ回旋し、脚が前へと動きます。つまり、脚を前へと動かす起点となるのが肩甲骨なのです。そのため、肩甲骨を使った腕振りを身につけることで、効率の良い走り・動きを身につけることができます。

船水選手の腕の振り

正しい腕の振りができていれば船水選手のように素早い動きでボールに追いつくことができる

肩甲骨の6つの動きと役割を理解して パフォーマンスアップにつなげる

前ページで正しい腕振りは肩甲骨と関係すると解説しました。

しかし、肩甲骨の役割はそれだけではありません。肩甲骨はラケット操作で重要な働きを担っています。肩甲骨を意識した上半身の動きを行うことで、腕の「しなり」や大きな力を生み出すための「タメ」をつくることができます。

また、肩や肘のケガ予防においても肩甲骨の動きは重要です。肩甲骨の動きを理解し、トレーニングで鍛えることでパフォーマンスアップにつながるのです。

肩甲骨は筋肉や関節ではないので、それ自体が複雑な動きをするわけではありませんが、肩甲骨を動かそうとすることでそれに付随したパーツを大きく動かすことができます。

肩甲骨の動きは挙上、下制、内転、外転、上方回旋、下方回旋の6つありますが、特に意識してほしいのが、内転＝「左右の肩甲骨を寄せる」と外転＝「左右の肩甲骨を離す」の2つの動きです（左写真参照）。

例えば、片方の肩甲骨を寄せて、もう片方を離す動きをすると自然と上半身が回転します。これが正しい上半身の回転です。「身体を回転させる」というと、腕や顔ばかり横を向こうとする人がいますが、これでは手打ちの原因になってしまいます。そうではなく、肩甲骨の動きを意識すれば身体全体の力で回転ができるのです。

肩甲骨の6つの動き

肩甲骨と体幹（胴体）をつなぐのは鎖骨のみで、あとは筋肉が肩甲骨を支えているので、その分、自由に動く。具体的には6方向（挙上・下制・内転・外転・上方回旋・下方回旋）に肋骨の上をスライドするように動く。実際はそれらの動きと肩関節の動きが連動することによって腕の動きが可能になる

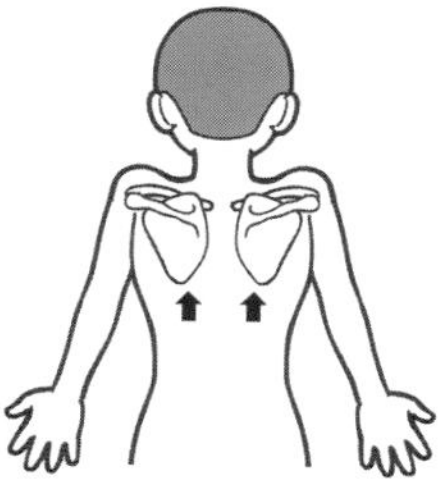

挙上
肩をすくめる

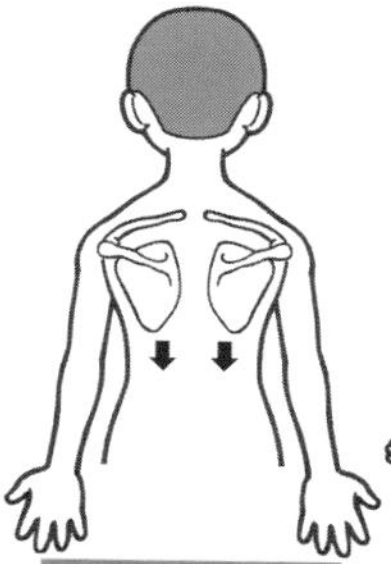

下制
上げた肩を下げる

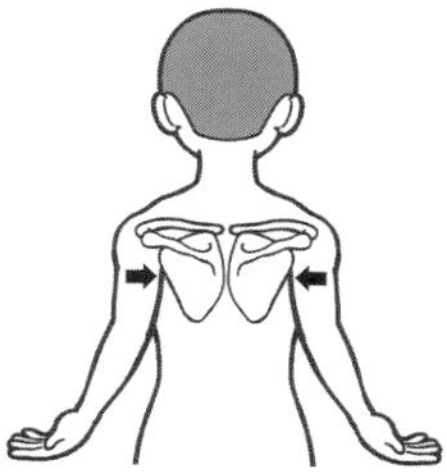

内転
胸を張る

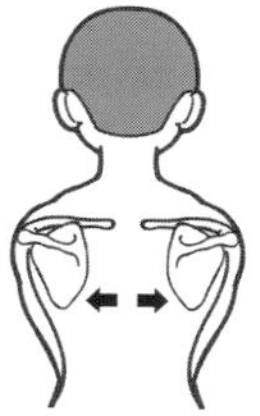

外転
パンチをする（腕を前に出す）

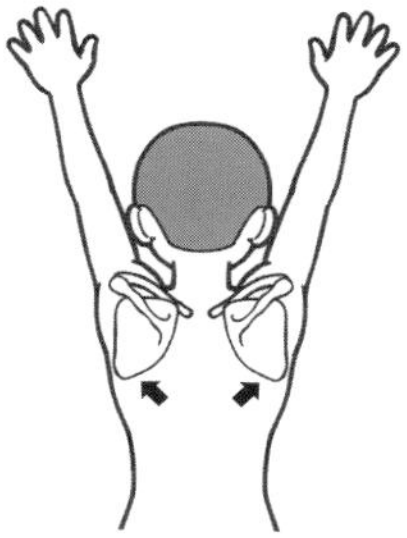

上方回旋
バンザイする

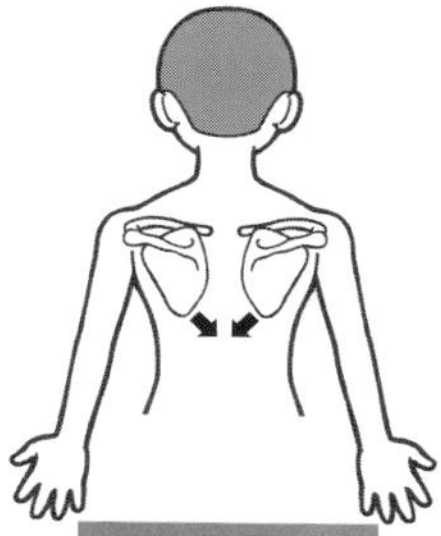

下方回旋
背中に手を回す

肩甲骨を寄せる・離す

内転＝左右の肩甲骨を寄せる（写真右）と外転＝左右の肩甲骨を離す（写真左）

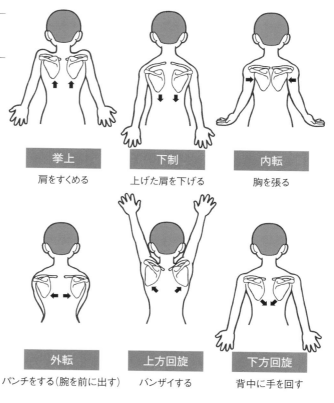

トピックス 3

頭上での動きが繰り返されるテニスで可動性と強い力の発揮が求められる肩関節

ソフトテニスではサービスやスマッシュなど頭上での動きが繰り返されることが多く、肩関節は大きな可動性とその中での強い力の発揮が求められます。

肩関節は複数の関節から構成されている関節なので、さまざまな場所に問題が出現します。その中でも、肩甲胸郭関節（肩甲骨と肋骨の関節）は肩甲上腕関節（肩関節）と並んで非常に重要な関節として認識されています（下図参照）。

特に肩を上げる角度が大きくなるにつれて、肩甲骨と肋骨の動きの占める割合が大きくなることが知られており、スポーツ選手にとって肩甲骨の運動機能はスポーツのパフォーマンスに影響を与えると言っても過言ではありません。肩甲骨の運動や肩甲骨周囲筋の機能について理解し、トレーニングすることが重要です。

正面から肩関節を見る

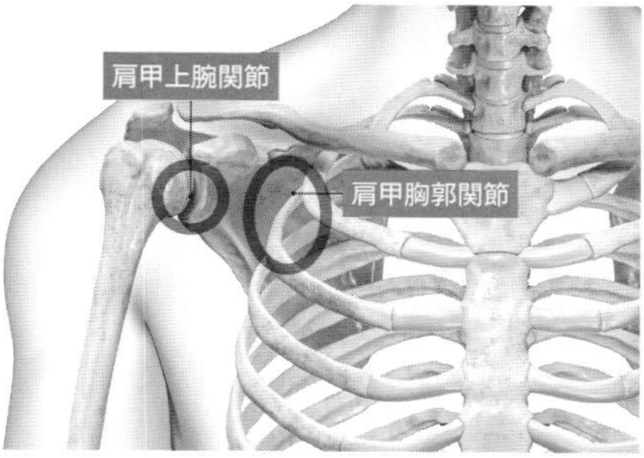

肩甲骨を観察してみよう

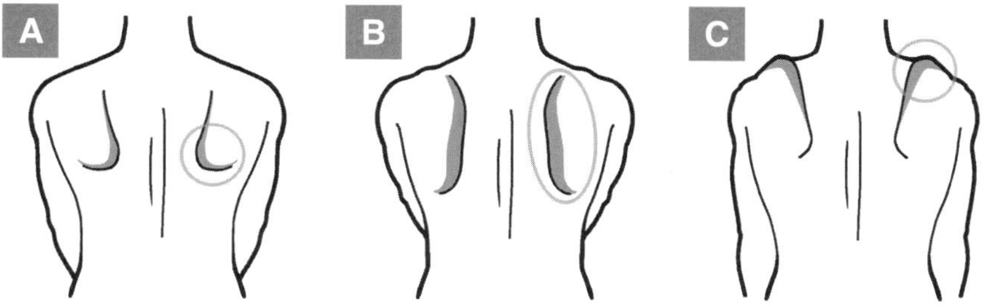

肩甲骨下角の浮き上がり	肩甲骨内側縁の浮き上がり	肩甲骨の過度な挙上

肩を上げてみて自分の肩甲骨の運動に異常がないか観察してみよう。肩甲骨の障害として考えられるのは上の3つ（A〜C）。気になる方は専門医に診てもらおう

四つん這いになって肩甲骨を観察する

四つん這いになって手のひらに体重を乗せてみよう。肩甲骨が正常だと親指の付け根部分に体重が乗っているが、肩甲骨の運動に異常があると小指側に体重が乗ってしまう

肩・肩甲骨のストレッチとトレーニング

ソフトテニスのパフォーマンス向上につながる肩・肩甲骨。
これらの部位がケガせず可動域が広がるように、
日頃からストレッチやトレーニングを行いましょう。
せっかく技術を覚えても、肩や肩甲骨を痛めてしまっては元も子もありません。
ていねいに時間をかけてください。

肩関節のストレッチ

方法

ストレッチする側の右肩を下にして、真っすぐ横向きに寝る。次に右腕を肩の高さに合わせ、左手で右手首を持つ。頭は落ちないように必ず枕などで支える。この体勢から、左手で右腕をゆっくり内側に倒していく。強く押す必要はない。右手の指先が床につくのが目標だが、無理のない範囲で実施しよう。終わったら反対側も行う

注意点

肩の前に痛みが出たら腕を下げてストレッチを行う。指先がつかないと危険信号

肩周りのストレッチ

方法

肩甲骨の位置を整えるための重要なストレッチ。片手を後ろに組んで肩甲骨を固定。次に反対側の手で頭を倒していく。この動きによって僧帽筋上部（首・肩・背中の上部にかけてつながっている筋肉）を伸ばす

肩甲骨を安定させるトレーニング①

方法

肩甲骨を外転（外旋）させる際に使う前鋸筋を強化する。両手を床につき、両手で床を押すように身体を持ち上げる。このとき、肩甲骨が開く動きをするはず。できるようになったら、右手の上に左手を重ねて同じように行う

肩甲骨を安定させるトレーニング②

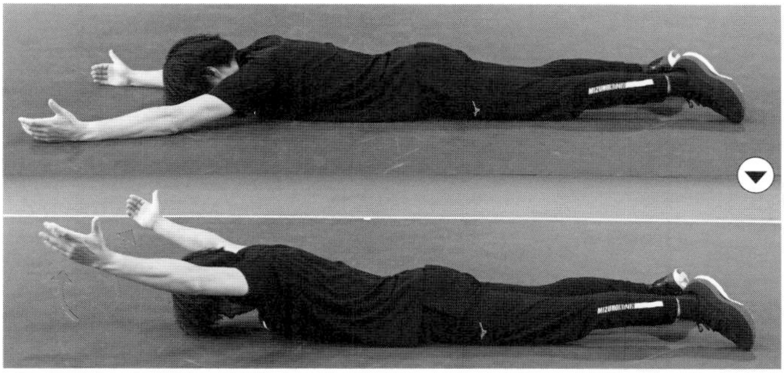

方法

肩甲骨の後傾を出す運動。床にうつ伏せになり、両手を広げる。この体勢から両手を上げる。両手に重りを持って行うとパフォーマンスアップにつながる

肩のインナーマッスルのトレーニング

方法

肩のインナーマッスルを鍛えるトレーニング。うつ伏せになり、両肘をついてチューブを小指、薬指中心に持つ。この体勢からチューブを引っ張る

注意点

負荷を強くしたり回数を増やし過ぎるとアウターマッスルが働く。アウターマッスルが働いているかどうかは、肩甲骨の上（背中側）に収縮感を感じるかどうか。もし感じたらアウターマッスルが働いている。もっと負荷を軽くするか、肘の位置を下げて行う。両手の広げ過ぎにも注意。広げ過ぎると肩甲骨のエクササイズになってしまう

肩甲骨と胸の動きのトレーニング

腕や肘を動かすことで肩甲骨と胸を動かすトレーニングです。
これらの動きはサービスやスマッシュ時の肩の動きにつながります。

両腕を伸ばす・曲げる

方法

両肘をつけた状態から（①）肘を後ろに引く（②）。その状態から頭上に両腕を伸ばす（③）。次に肘を下げ（④）、肘をつけた状態に戻る（⑤）。これを繰り返す

ココがポイント

スタートの①では背中を丸める。②では胸を張って肩甲骨を寄せる。③では胸を張った状態で手を伸ばす

「8」の字を描くように肘を動かす

方法

両手の指先を肩の付け根につけ、両肘を前方でつけた状態から横に寝た「8」の字を描くようにして上下に動かす

ココがポイント

スタートの①では背中を丸める。②～⑤では胸を張った状態で肩甲骨を動かす。指先を肩の付け根につけて行うことで肩甲骨の動きを感じやすくなる

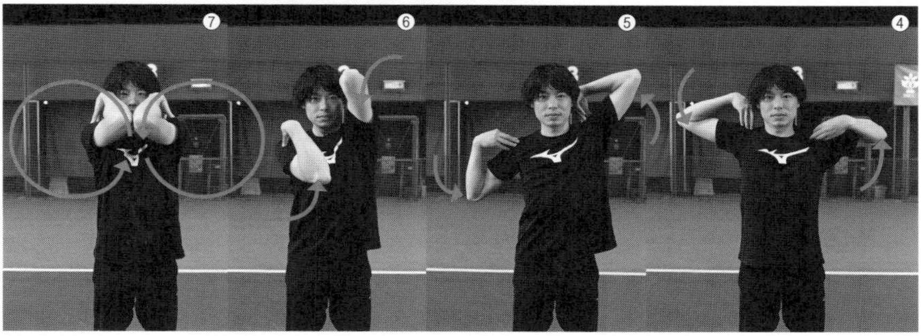

両腕をひねりながら後ろに引く

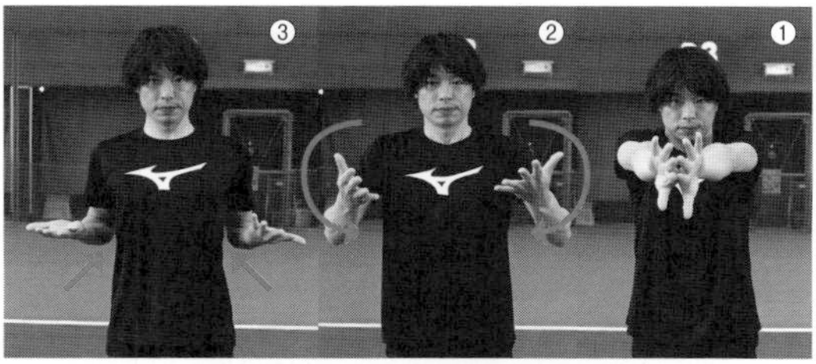

方法

両腕を前方に伸ばし、両手の甲を合わせる。この体勢から手のひらを内にひねりながら両肘を後方に引く

ココがポイント

スタートの①では背中を丸めながら手をできるかぎり伸ばす。背中に張り感を感じる。②～③で手のひらを返すことで肩甲骨を寄せることができる。胸を前に突き出すイメージ。頭は動かさないようして胸と肩甲骨を中心に動かす

ラケットを使って肩甲骨を動かすトレーニング

肩甲骨には6つの動きがあり（134、135ページ参照）、
これらの動きからテニスの代表的な動作である「押す」「引く」「回旋する」が生まれます。
そして、これらが組み合わさって、ストロークやサービス、
スマッシュの動きをつくり出しているのです。
ここでは、ラケットやメディシンボールを使って肩甲骨を動かすトレーニングを紹介します。

内転・外転を行う

方法

両脚を肩幅くらいに開いて立つ。ラケットの両端を持って両肘を曲げる。この体勢から両肩の高さで胸を張って肩甲骨を寄せる（＝内転）。次にラケットを前方に突き出すと同時に背中を丸めて肩甲骨を離す（＝外転）。背骨の動きも意識したい

上方回旋・下方回旋を行う

方法

最初のトレーニングと同じようにラケットを持って立つ。胸を張るように天井に向かってラケットを上げる（上方回旋）。次に胸を張ったまま背中上部までラケットを下げる（下方回旋）。このとき、肩甲骨を引き寄せる

肩甲骨を使って身体を回転させる①（ラケット使用）

方法

最初のトレーニングと同じようにラケットを持って立つ。次に両腕を前方に伸ばす。このとき、ラケットは両肩の高さになるように。この体勢から、フォアハンドストロークのテークバックのイメージでラケットを右斜め後ろに引いて身体を回転させる。右側の肩甲骨を寄せて（＝内転）、左側の肩甲骨を離す（外転）。こうすることで、自然と上半身が回転する

注意点

疲れてくると肘が下がってくるのでラケットの高さを意識する

肩甲骨を使って身体を回転させる②（メディシンボール使用）

方法

ラケットの代わりにメディシンボールを使って身体を回転させてみよう。このトレーニングでも、片方の肩甲骨を寄せてもう片方の肩甲骨を離すことで上半身を回転させる

トピックス 4

テニス肘の原因と症状を知る

肘関節は、肩の強力な動きと手の緻密な運動制御力をリンクさせる役割を持っています。肘関節を含めた腕は、「モノを持ち上げる」「運ぶ」のほかに、衝突の際のクッションになり、転倒時の身体の勢いを和らげることができます。

　また、ラケットを振る際に手を目的の場所に適切に移動させられるかは、肘関節を効果的に使えるかにかかっています。

　一方、腕を酷使するソフトテニスでは肘関節を痛める選手も少なくありません。みなさんもご存知のテニス肘（テニスエルボー）です。原因は無理なフォームや多すぎる練習量、合わないラケットによる筋肉・腱の過負荷（使い過ぎ）が考えられます。

　ですが、テニス肘の原因の99％は間違ったフォームであると考えてよいでしょう。力の入れ過ぎもよくありません。

　テニス肘は主に3種類に分けられます。一つ目は、肘の内側に痛みを感じるフォアハンド型テニス肘。2つ目は、肘の外側に痛みを感じるバックハンド型テニス肘。3つ目は、肘の後ろ側が痛むサービス型テニス肘です。

　このうち8～9割はバックハンド型テニス肘です。最初の自覚症状は、ボールを打ったときの肘痛。手首を反らす動作で特に痛みが増強し、やがて何を持っても痛くなってきます。

3種類のテニス肘

フォアハンド型テニス肘

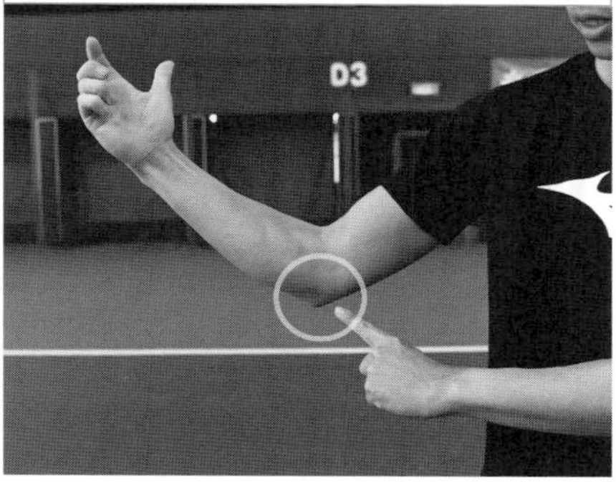

症状 肘の内側に痛みを感じる。手を伸ばして手のひらを上にしたときに小指側が痛む。指を曲げて痛むときは相当に悪い。放置しておくと、サービスまたはフォアハンドのトップスピンを打ったときに痛みや握力低下が生じる。主に手首を曲げる筋肉（尺側手根屈筋）が炎症を起こしている状態

原因 手首を後ろに反らして、その反動でラケットヘッドを前に動かすようにボールを打っていると、前腕屈筋群の付け根の腱がダメージを受ける。ひと言で言えば手首をぐらぐらさせるフォーム（手関節のスナップを使う打ち方）が原因。ゴルフ肘も同じメカニズムで生じる

バックハンド型テニス肘

症状 肘の外側に痛みを感じる。手を伸ばして手のひらを上にしたときに親指側が痛む。圧迫痛と運動痛がある。具体的にはバックハンドを打った瞬間に痛みが生じる。指を反らせて痛むときは相当悪い。主に手首を伸ばす筋肉（短橈側手根伸筋）が炎症を起こしている状態

原因 ボールを打つ瞬間に手首を内側（手のひら側）に返して、その反動でバックハンドを打つと、肘の外側の前腕伸筋群が強い伸びと収縮を受けて腱にストレスがかかる。その繰り返しで筋肉や腱に微細な断裂が起きる。熟練者よりも初心者のほうがなりやすい

サービス型テニス肘

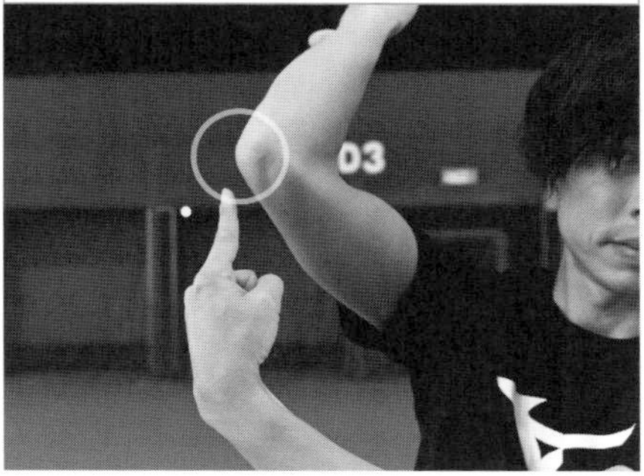

症状 肘の後ろ側(肘頭)が痛む

原因 テニスのサービスは野球の投球動作と似ており、サービス肘は野球肘と似ている。尺骨の先端は肘を伸ばしたときに上腕骨とぶつかることで、肘が必要以上に曲がらないようにブロックされる。しかし、サービスのインパクトまたはフォロースルーの段階で肘が伸び切ると、2つの骨が急激に衝突して炎症を起こす。これが原因。したがって、インパクトのときに腕が一直線になるフォームはNG。必ず肘を痛める

テニス肘にならないためのストレッチとトレーニング

ほとんどの場合、テニス肘は完治しますが、
治るまでに半年かそれ以上かかることもあります。
テニス肘にならないためには、何と言っても正しいフォームで打つことが大切です。
それに加えて、日頃から肘や手首のストレッチやトレーニングをすることをおすすめします。

前腕屈曲・伸筋群のストレッチ

右肘を伸ばし、左手で右手の指を持って右手首を曲げる。手首を曲げたときに同時に指も曲げます。30秒程度ゆっくりとストレッチを行う（①と②）。このほかに、左手で右手の指を持って右手首を回すストレッチもある（③と④）

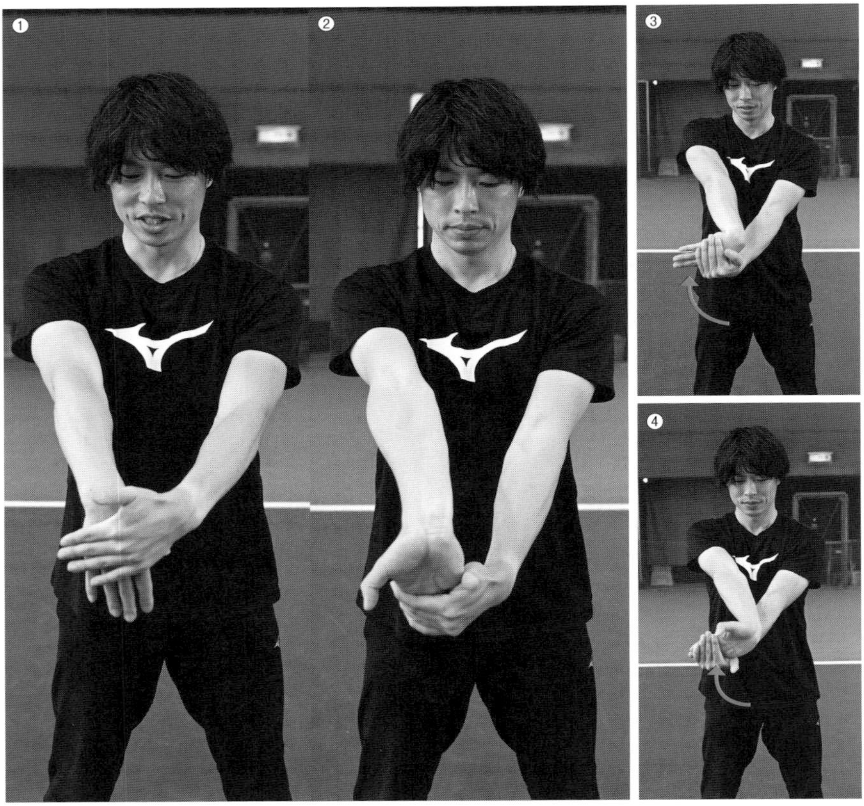

手首のトレーニング

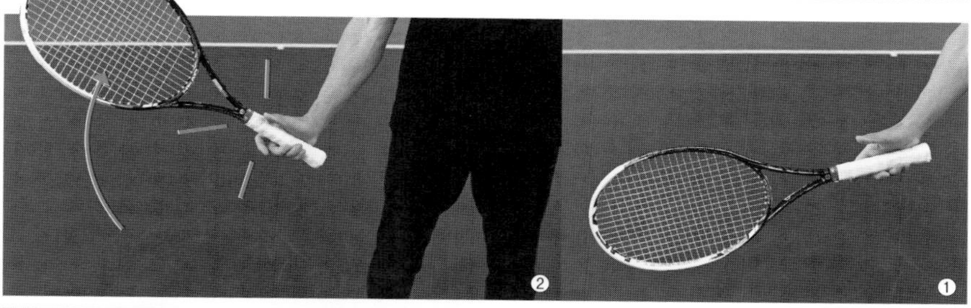

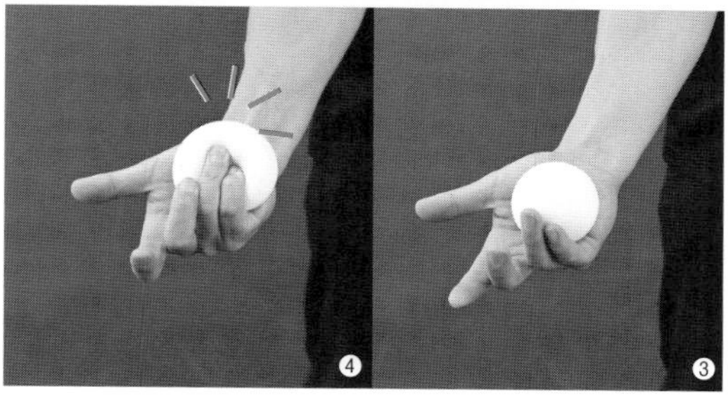

小指側の手首を下向きにし、ラケットのグリップを握る。手首の力を抜いて下ろしているところから、親指側の手の甲を自分のほうに近づけるように、小指と薬指を強く握る（①と②）。ラケットの代わりにテニスボールでもよい（③と④）。小指と薬指をうまく使えないと、親指や人差し指でラケットをグリップして肘の外側（親指側）の筋肉が硬くなる。肘を痛める原因にもなる

テニス肘になったときの応急処置

冷却

痛みに気づいたら、運動後すぐに15分間ほど患部のアイシングを行います。痛みや熱があるうちは冷やし続けるのが基本です。1回15分を1日2回の目安で行い、1週間ほど続けます。

安静

痛みが強いときは、安静にして痛みをともなう動きを避けます。完全な休養を与えると筋肉の硬直や衰弱・萎縮を招くので、できるだけ早く腕を使うリハビリが必要です。つまり、腕はできるだけ頻繁に使いますが、痛みを感じる動きは避けます。サポーターや包帯で緩く巻くことも有効です。ストレッチも大事。

フォームの改良

テニス肘を起こしたフォームを改良しない限り再発しやすいです。肘に負担の少ない正しいフォームを心がけましょう。

トピックス 5

横隔膜を使った正しい呼吸でパフォーマンスを高める

　人は一日に約2万回も呼吸しています。それほど呼吸は人間が生きる上で欠かせないものなのです。正しい呼吸とは赤ちゃんのときの呼吸と言われていますが、成長するにつれて崩れてしまう方もいます。原因は生活習慣や姿勢の崩れ、筋力の衰え、間違った身体の使い方など。

　当然、スポーツにも悪影響を与えます。呼吸の乱れは肩や腰に痛みを引き起こし、筋力バランスや体幹バランスは崩れ、その結果、パフォーマンスが低下し、さまざまなトラブルへと連鎖していきます。

　しかし、言い換えれば、正しい呼吸法を身につければ、人本来の滑らかな動きが獲得され、運動時のパフォーマンスも上がりやすくなるということです。

　正しい呼吸法で知ってほしいことは、呼吸とは「横隔膜」が上下することです。この上下運動によって、空気の出し入れが可能になります。横隔膜が動かない方は、息を吐くの

横隔膜の位置

横隔膜とはドーム状の筋肉。腰や肋骨についており、上下することで呼吸ができる。姿勢を保ち内臓機能や自律神経に関与している

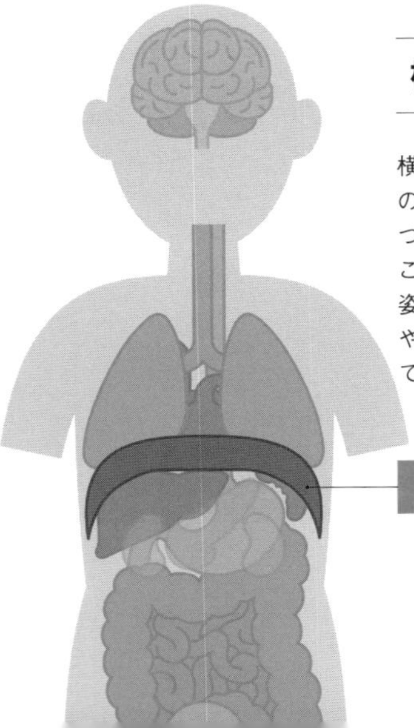

が苦手なはず。例えば、背中の広背筋が発達している方や反り腰の方、猫背や口を開きっぱなしになっている方などです。

正しい呼吸ができていれば、呼吸数が減ります。しっかりと酸素と二酸化炭素のガス交換ができるようになるからです。また、自律神経を構成する交感神経と副交感神経のうち、夜間やリラックスしているときに活発になる副交感神経が優位になります。心拍数が減り、血圧が下がり、力みが減るでしょう。テニスで言えば、回旋（ひねり）の動きの質を高めることができ、ラケットのスイング力が高まります。

スポーツ界で高まっている呼吸への関心。みなさんも正しい呼吸法を身につけて、パフォーマンスを向上させましょう。

横隔膜を使って呼吸しているかチェック

方法

胸とへそ付近に手を当てる。そして、鼻から息を吸って口から吐く。リズムは1秒吸って3秒かけて吐く。吐いたポジションで1秒止める。息を吸うときにベルトラインより下の部分を360度方向に膨らませる。これが横隔膜を使っていることになる。横隔膜で吸う感覚をつかむことが大切

正しい呼吸法

息を吸うときにお腹を中心に膨らませる。お腹の前だけが膨らむのではなく、後ろも前も全体的に膨らむようにする。また、息を吐くときは肋骨とお腹の境目がなくなり、ずん胴のようになるのがベスト

トピックス 6

春夏の好成績につなげるための冬のトレーニング「10選」

冬は翌年の春に向けての身体づくりの時期と言っていいでしょう。ここでは競技パフォーマンスのアップにつなげるための股関節を中心としたフットワークのメニュー（150～153ページ）とダッシュ力・瞬発力を鍛えるトレーニング（154、155ページ）を紹介します。

前半のメニューを行えば股関節をうまく使うことができ、力強いスイングや強弱をつけた動きが可能にな

①両脚で前後にジャンプ

方法

両手でラケットの端を持って立つ。自分の前にラインあるいはマーカーを置く。そして、立ち幅跳びの要領で両腕を伸ばしながらライン（マーカー）を飛び越える。飛び越えたら、再び元の位置に戻る。これを繰り返す

ココがポイント

着地するときは股関節の動きをメインに上体と太ももを近づけ、お尻を引くように着地する。胸と腰が少し張った姿勢を保ったまま股関節（脚の付け根）から上半身を曲げる。太もも裏とお尻に張り感を覚えよう

ります。一方、後半のトレーニングは走っているときに上下動が大きい方やバタバタした動きの方におすすめです。

②上半身のひねり＋両脚から片脚着地で前後にジャンプ

方法

トレーニング①と同様にラケットを持ち、両脚で踏み切り、今度は片脚で着地する。着地姿勢では着地と同時に上半身をひねり、股関節を後方に引き股関節に体重を乗せる。飛び越えたら再び元の位置に戻る。これを繰り返す

ココがポイント

うまく股関節に体重を乗せることができれば、膝や上体がブレず片足で着地しても姿勢が安定する

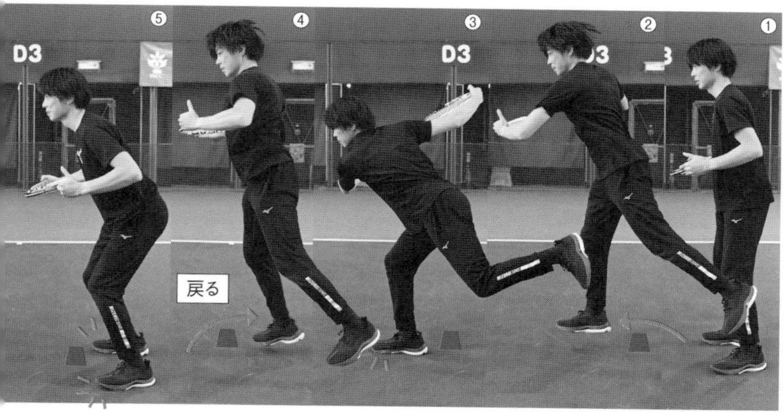

トレーニング②の写真③と、トレーニング③の写真③の姿勢。上半身をひねり、股関節を後方に引き、股関節に体重を乗せる

③上半身のひねり＋片脚着地で後方に連続ジャンプ

股関節により体重を乗せる感覚を鍛えるトレーニング。右脚だけで後方に2度ジャンプし、3度目のジャンプ後に着地する

④両脚で後方に連続ジャンプ

方法

トレーニング①は前後にジャンプしたが、このトレーニングでは後方に連続してジャンプする。着地姿勢では、体重がつま先ではなくかかと側に乗るように意識する。また、着地のタイミングで両腕を伸ばしてラケットを前方に出す。肩の高さをキープして胸を張る

ココがポイント

股関節の使い方が苦手な選手に有効なトレーニング。後方にジャンプすることで股関節を使っている感覚をよりつかむことができる

⑤上半身のひねり+両脚着地で後方に連続ジャンプ

方法

トレーニング④に上半身のひねりを加える。着地姿勢では頭と下半身は動かさず体幹の軸を真っすぐに保つ。また、上半身を中心にひねることを意識しよう

ココがポイント

両手に持ったラケットを肩より高くキープすることで胸のひねりを効果的に出すことができる

着地したときの姿勢。ラケットは動かさず上半身をひねる。ラケットを肩より高く保つ

⑥上半身のひねり+片脚着地で横に連続ジャンプ

方法

両手でラケットを持ち、横方向にジャンプする。これを繰り返す。着地姿勢では股関節（お尻）で壁をつくる感覚でバランスをとろう

ココがポイント

お尻の筋肉に張りを感じることで股関節の壁をつくることができる。膝が外側に流れたり、足裏の着地が小指側に乗る場合は股関節が使えていない状態。このときは股関節をより後方に引くことを意識しよう

船水選手のテークバック

フォアハンドもバックハンドもテークバック時に股関節にしっかり体重を乗せている。彼の力強いスイングの源と言っていい

⑦両脚でドロップジャンプ（前方向へのダッシュ力）

方法

下方向にドロップして（スクワットの姿勢。写真①）前方にジャンプする。両脚でジャンプして両脚で着地する

ココがポイント

一連の動きをドロップジャンプと言う。短時間で地面からの反発をもらい、弾むことでダッシュ力アップに必須な硬い脚のバネ能力をアップさせることができる

応用編として、その場で軽くジャンプしてスクワットの姿勢になり、前方にジャンプするトレーニング（写真左）や後ろ方向にジャンプして着地後（スクワットの姿勢）にすぐ前方にジャンプするトレーニング（写真右）もあるので挑戦してほしい

⑧片脚から両脚着地のドロップジャンプ（前方向へのダッシュ力）

方法

片脚になり、下方向にドロップして（スクワットの姿勢。写真①）前方にジャンプ。両脚で着地する

トレーニング⑦と同じように、その場で軽くジャンプするトレーニング（写真左）と後ろ方向にジャンプしてすぐに前方にジャンプするトレーニング（写真右）もある

⑨片脚から両脚着地のサイドジャンプ（横方向へのダッシュ力）

方法

横方向にジャンプして（①）、着地後は逆の横方向にジャンプする（②～④）。最後は身体を前方に向ける。両脚で着地する

⑩両脚着地からバックステップを使うバックジャンプ（後ろ方向へのダッシュ力）

方法

下方向にドロップして（スクワットの姿勢。写真①）前方にジャンプして両脚で着地する（②～③）。その直後にバックステップを行う（④）

コラム❹

試合期で パフォーマンスを低下させない 適切なリカバリー（回復）とは？

試合が続く時期は、どんどん身体が疲れていきます。この時期の運動負荷量は無酸素運動の割合が多くなり、疲労物質でもありエネルギー源でもある乳酸が産出されやすくなります。

この乳酸を除去（分解）させて筋肉痛や筋疲労を最小限に抑えるには、試合後にクールダウン（リカバリー）として、走りながら会話できる程度のジョギングや体操を合計20〜30分すると良いでしょう。乳酸は有酸素運動時に使われるエネルギーでもあるからです。過酷な全国大会ではこういうことをしているかどうかで、パフォーマンスはずいぶんと変わるでしょう。

次に栄養について。クールダウン時にエネルギーチャージ系のゼリーやおにぎりなどの糖質エネルギーを摂取する方を見ますが、これはNG。なぜなら、食べた瞬間から身体がエネルギーとして使い始め、乳酸は分解されず筋肉などに残ったままの状態になり、疲労症状として身体に現れるからです。

普段の練習や筋トレのあとは、素早く炭水化物＋タンパク質を摂ることで筋肉は育ちます。理想は運動後30分から40分以内です。

試合間や練習間の即効的な補給には果物（果糖）がベストです。バナナ、ミカンの缶詰などがよく使われます。後半でパフォーマンスが落ちないようにしたい場合は、果物と合わせてエネルギー能力の高い脂質を摂ることをおすすめします。ナッツ（クルミ、ピーナッツ）やチーズ、バターなどです。

栄養の摂取タイミングや種類によって、身体に起こる変化はパフォーマンスに大きく影響します。足をつる選手や後半でバテやすい選手は、特に栄養は足りているか、何を摂取しているかを見直す必要があると思います。

第5章

トップ選手による
ウォーミング
アップ

最後は船水雄太選手と

九島一馬選手の2人による

試合前のウォーミングアップを紹介する。

トップ選手のように身体を十分に温めてから

コートに入る習慣を身につけよう。

腰と背中のストレッチ❶

方法

仰向けに寝て、両膝を胸に引き寄せていきます。息を吐くタイミングで、さらに胸に近づけます。少しずつ、ゆっくりと引き寄せてください。腰と背中をストレッチします。

1セット
20〜30秒

**2〜3セット
行う**

ココに注意！

最初から胸に近づけ過ぎず、呼吸に合わせて少しずつ近づけることが大切です。両肩を下げることを意識すると、さらに効果的です。太ももの裏がしびれたり腰の痛みがある場合は中止してください。

股関節のストレッチ❶

方法

右脚を身体の前に出し、右膝を90度の角度にします。左脚は左膝の内側が床につくようにして右膝と同様に90度に曲げます。胸を右膝に向かって倒していき、右のお尻をストレッチします。終わったら反対側も行います。

1セット
20〜30秒

**2〜3セット
行う**

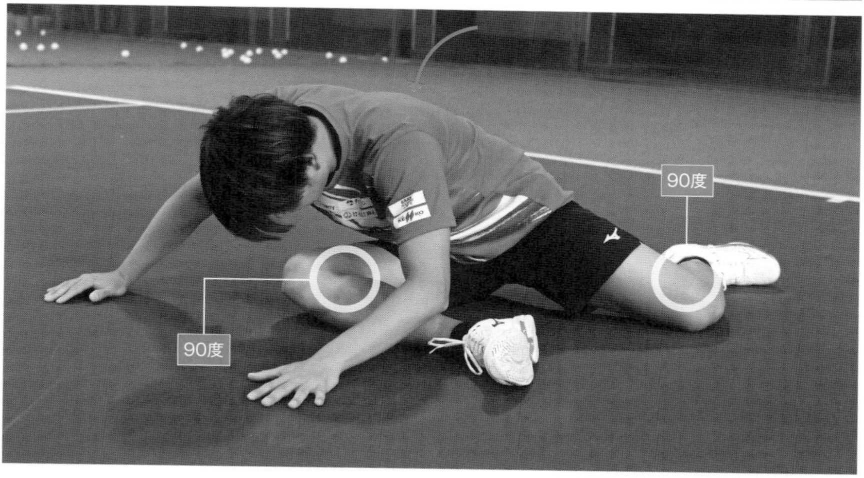

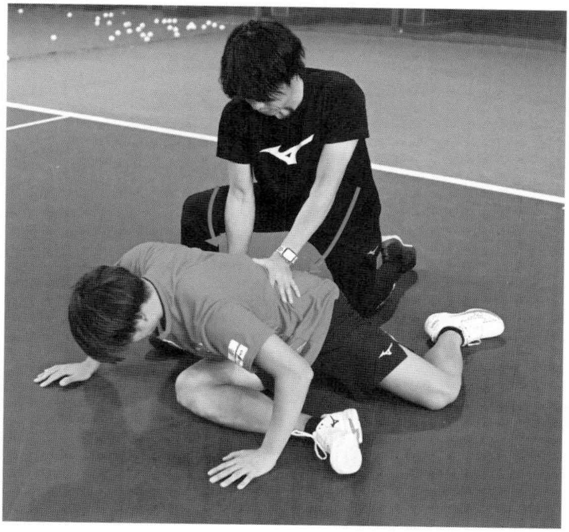

ココに注意！

このストレッチを行う前に、股関節に痛みがないことを確認しましょう。硬さを感じるのは問題ありませんが、痛む場合は中止してください。

補助者へのアドバイス

相手のフォームをチェックしつつ、背中を少しずつ、ゆっくり押す

脇腹のストレッチ

方法

右脚を身体の前に出し、右膝を90度の角度にします。左脚は左膝の内側が床につくようにして右膝と同様に90度に曲げます。上体を右太ももに対して90度ひねり、両手をバンザイさせ、左脇腹のストレッチを行います。終わったら反対側も行います。

1セット
20～30秒

**2～3セット
行う**

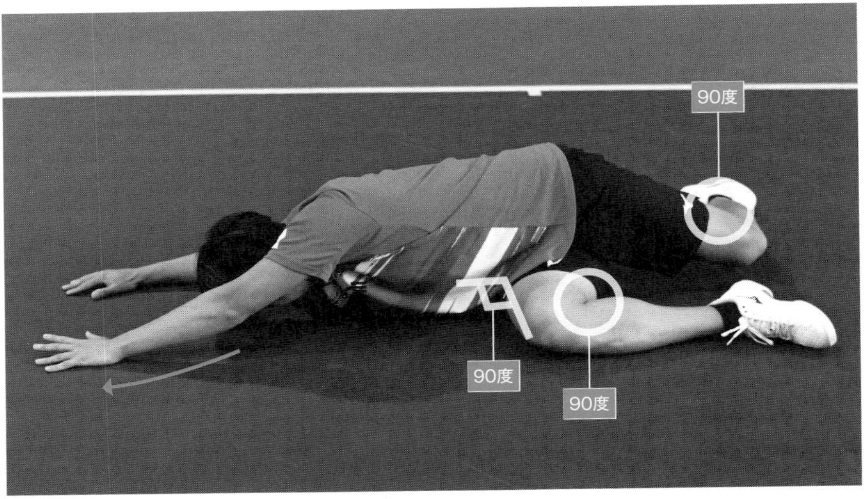

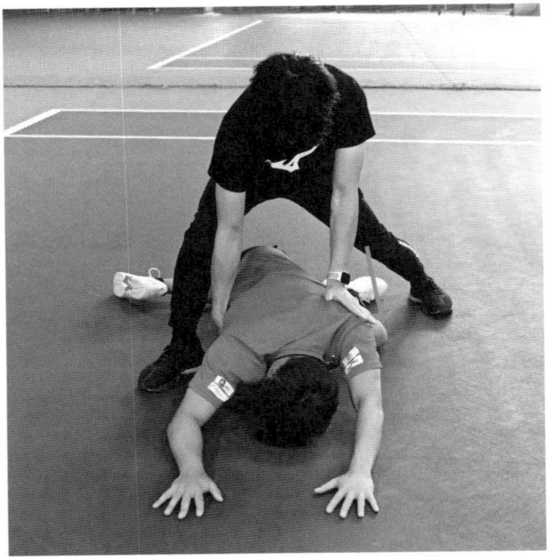

! ココに注意！

左手を遠くに伸ばすようにすることで、効果的に左脇腹をストレッチすることができます。

補助者へのアドバイス

相手のフォームをチェックしつつ、両手を使って脇腹のストレッチをサポートする

脇腹と背中のストレッチ

方法

右脚を身体の前に出し、右膝を90度の角度にします。左脚は左膝の内側が床につくようにして右膝と同様に90度に曲げます。上体を右太ももに対して90度ひねり、右脇の下を通るように左手を伸ばし、左脇腹と背中をストレッチします。終わったら反対側も行います。

1セット 20〜30秒

2〜3セット 行う

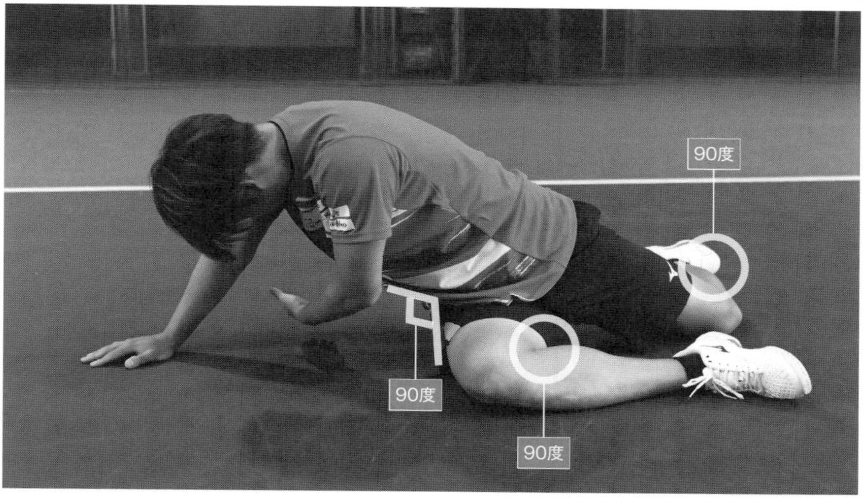

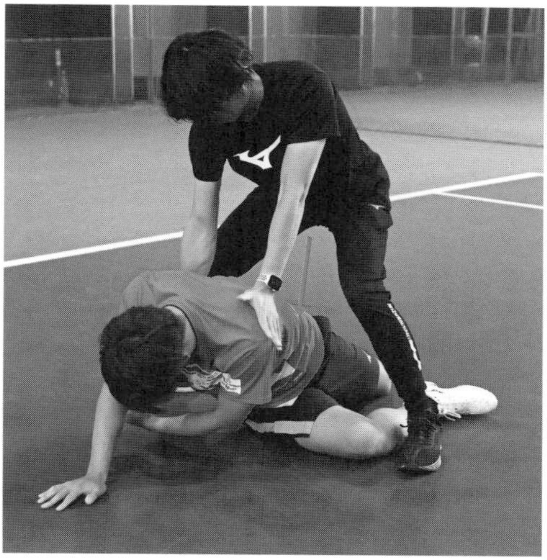

ココに注意！

左手を遠くに伸ばすようにすることで、効果的に左脇腹と背中をストレッチすることができます。

補助者へのアドバイス

相手のフォームをチェックしつつ、両手を使って脇腹と背中のストレッチをサポートする

肩のストレッチ

方法

うつ伏せで右腕を身体の下から通して右肘を伸ばし、手のひらを上に向けます。肩の後ろ側が伸びるように右肩に体重をかけます。両膝を90度曲げ、左側に倒すことで肩の筋肉をストレッチします。終わったら反対側も行います。

1セット
20～30秒

**2～3セット
行う**

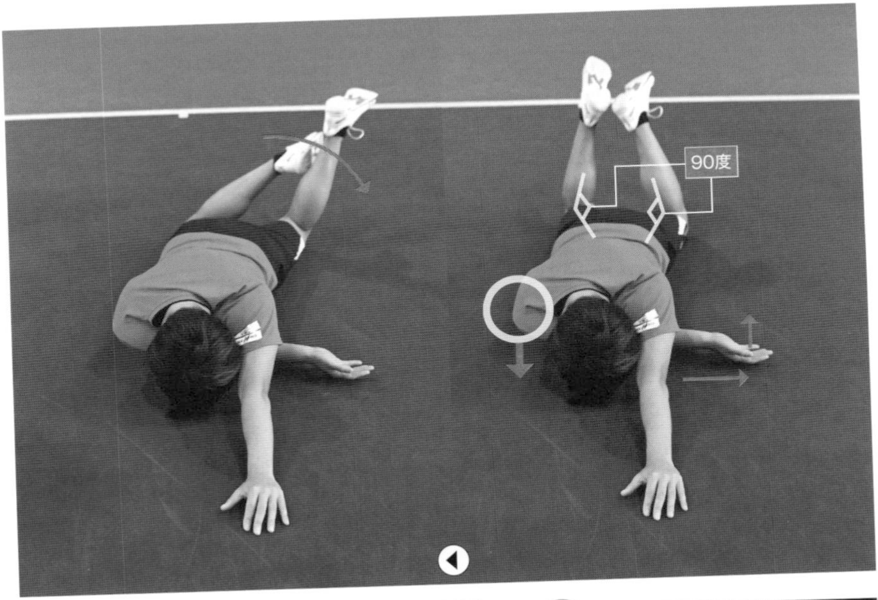

ココに注意！

右肩がすくまないように首を長くし、下に下げるようにストレッチを行います。右肩の前に痛みや詰まり感がある場合は中止してください。

補助者へのアドバイス

相手のフォームをチェックしつつ、右肩に手を当て、もう一方の手で足を持って肩のストレッチをサポートする

背中のストレッチ

方法

四つん這いになって、右手の上に左手を重ねます。左手で右手を押さえた状態でお尻を右かかとに近づけるように引いていき、右の背中の筋肉を伸ばします。

1セット 20〜30秒

2〜3セット 行う

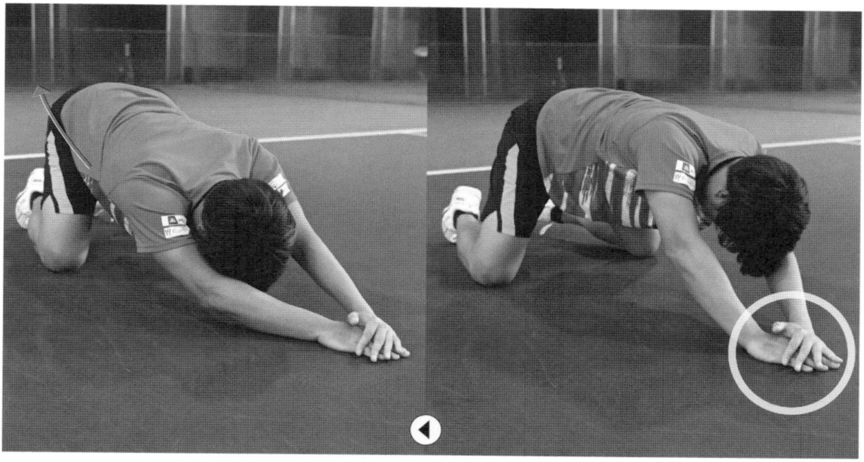

ココに注意！

右手の力を抜き、重ねた左手で右手を固定するようにすると効果的にストレッチすることができます。

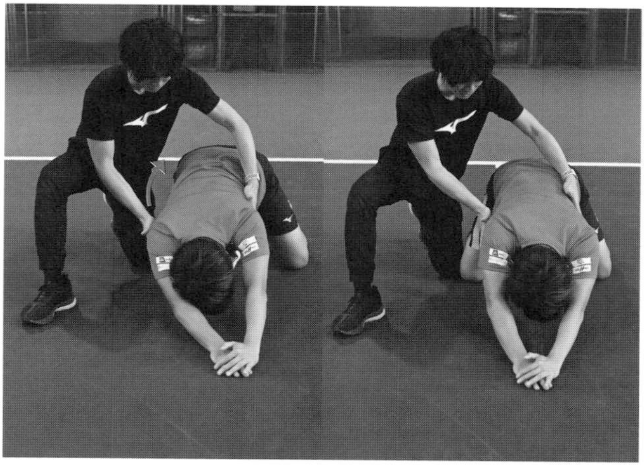

補助者へのアドバイス

両手で相手の脇腹を持って背中の筋肉を伸ばす

太ももの裏（ハムストリングス）のストレッチ

方法

しゃがんだ状態で、両手で足首を持ちます。このとき、胸と太ももの前をくっつけるようにします。その状態のまま膝を伸ばし、太ももの裏（ハムストリングス）をストレッチします。

1セット
20〜30秒

**2〜3セット
行う**

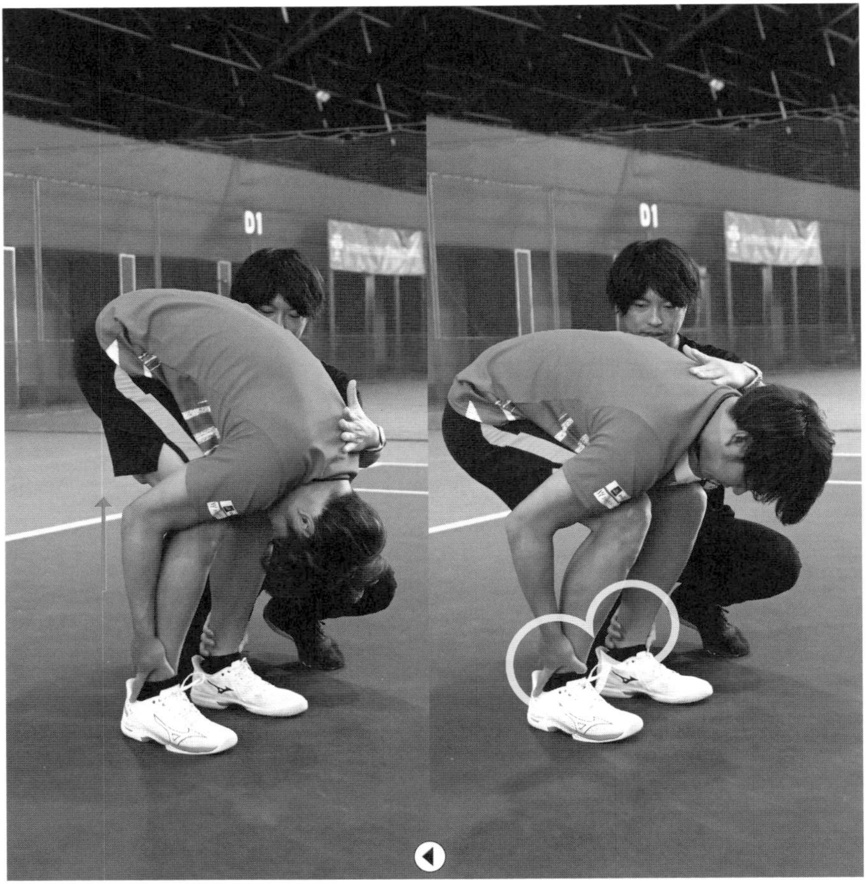

補助者へのアドバイス

相手の背中上部に手を当てて、ゆっくりと押す。無理に押さない

ココに注意！

胸と太ももの前が離れないようにしましょう。

ふくらはぎのストレッチ

方法

四つん這いの姿勢から片足立ちになり腰を浮かせます。お尻を後ろに引いて膝を伸ばしながら、足のかかとを床に沈めて足首を曲げていきます。ふくらはぎ全体が伸びるようにストレッチします。

1セット 20〜30秒
2〜3セット 行う

補助者へのアドバイス

相手のバランスを助け、床についたシューズのかかとを固定させる

ココに注意!

伸ばしている足のつま先を軽く内側に向けると、効果的にストレッチすることができます。

補助者へのアドバイス

相手のバランスがとれているときは床についたシューズを両手で固定させる

胸のストレッチ❶

方法

右向きに寝て左脚を右脚の上にクロスさせ、左膝を右手で床に固定します。右膝は曲げて左手でつかみ、お尻に近づけます。そのままの姿勢で上半身をねじり、胸を開くようにストレッチします。終わったら反対側も行います。

1セット
20〜30秒

2〜3セット行う

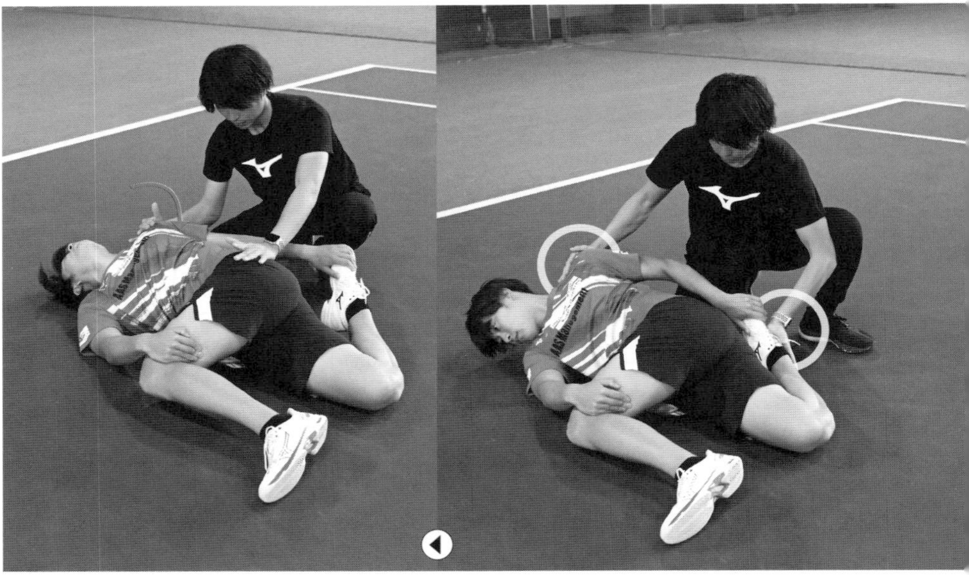

補助者へのアドバイス

両手を使ってストレッチする前の姿勢を安定させる

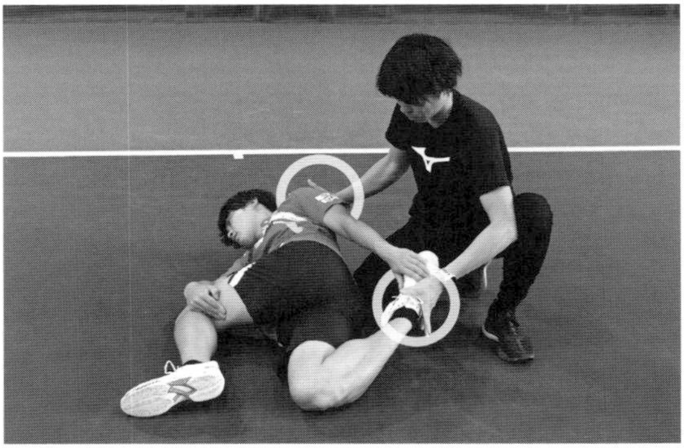

ココに注意！

右太ももと体幹が一直線になる姿勢で左肩を下げるイメージで行いましょう。腰に痛みがある場合は中止してください。

補助者へのアドバイス

相手の左肩をゆっくり下げる

胸のストレッチ❷

方法

右向きに寝て左脚を右脚の上にクロスさせ、左膝を右手で床に固定します。左胸を開きながら左腕で円を描くように大きく回します。終わったら反対側も行います。

1セット
10回

2～3セット行う

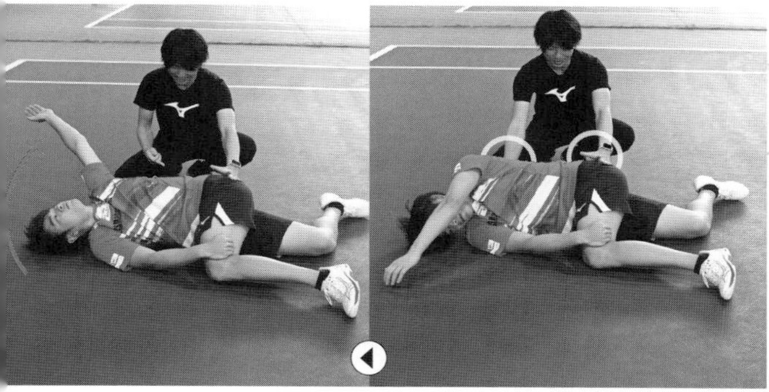

ココに注意！

肩だけを回すのではなく胸から大きく動かすことで、背骨・肩甲骨・肩をストレッチすることができます。

補助者へのアドバイス

両手を使って腕を動かす前の体勢を安定させる

胸と背中のストレッチ

方法

右向きに寝て左脚を右脚の上にクロスさせます。両手を伸ばした状態で左方向に上半身をねじるようにストレッチします。特に右手を遠くに伸ばすイメージで行うと効果的にストレッチすることができます。終わったら反対側も行います。

1セット
20～30秒

2～3セット行う

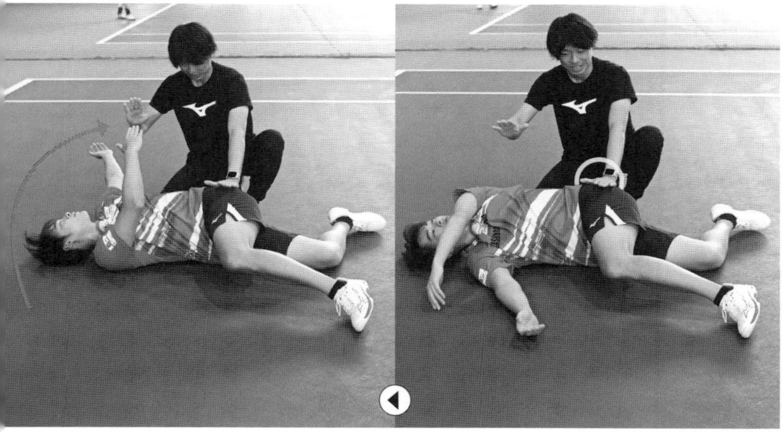

ココに注意！

左腰を動かさないようにストレッチすることで、上半身のねじれを効果的に出すことができます。

補助者へのアドバイス

相手の左腰に手を当てて動かないようにする

手首・肘（内側）のストレッチ

1セット
20〜30秒

**2〜3セット
行う**

方法

ストレッチする側の右腕を前に真っ直ぐ上げます。手のひらを前方に向け、親指を上にして肘を伸ばした状態で、左手で右手の人差し指と中指を中心に引っ張りストレッチします。終わったら反対側も行います。

! ココに注意！

肘を伸ばし切った状態で行いましょう。指先などに痺れがある場合は中止してください。

手首・肘（外側）のストレッチ

1セット
20〜30秒

**2〜3セット
行う**

方法

ストレッチする側の右腕を前に真っ直ぐ上げます。手の甲を前方に向け、親指を下にして肘を伸ばした状態で、左手で右手の甲を引っ張りストレッチします。このとき、右手首を内側にひねりながら行うと効果的にストレッチすることができます。終わったら反対側も行います。

! ココに注意！

肘を伸ばし切った状態で行いましょう。指先などに痺れがある場合は中止してください。

リカバリー（両足の挙上）～パートナーストレッチ～

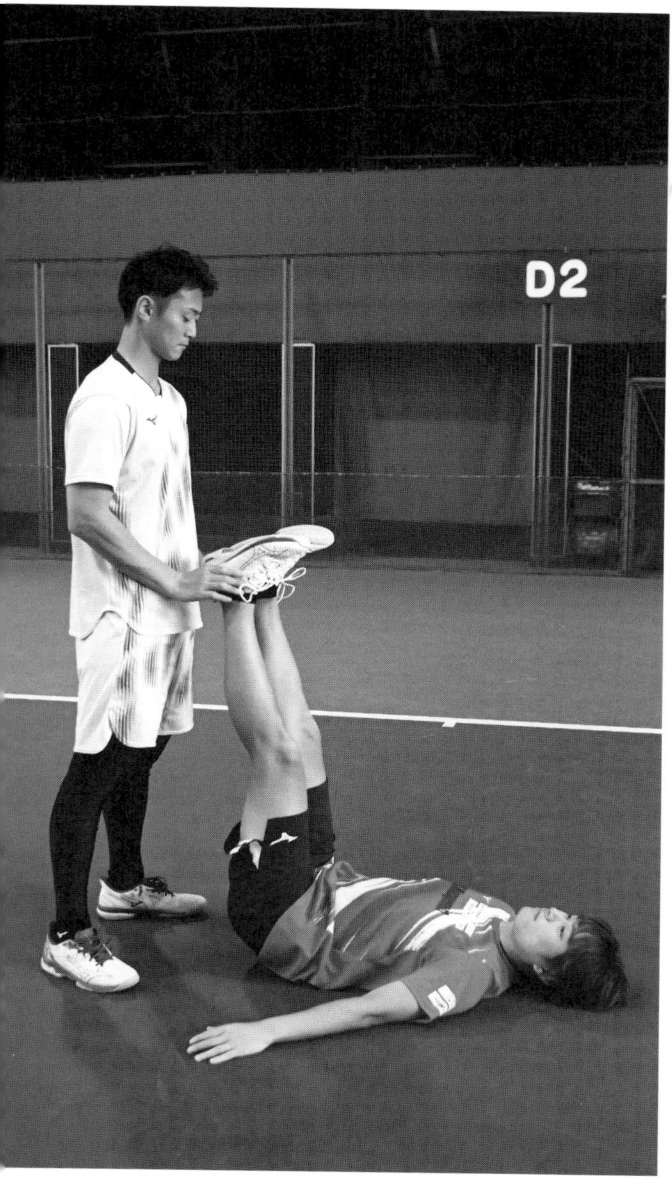

方法

取り組む人は仰向けに寝て脚を垂直に高く上げ、かかとを壁に置く。あるいはパートナーに支えてもらって（写真）、約３分間キープします。下半身に集中した血液を心臓に戻して血液循環を促すことで、疲労物質を除去することが目的です。

ココに注意！

練習や試合で活性化した交感神経を鎮め、リカバリーモードである副交感神経を優位にさせる効果もあります。取り組む人は両足の挙上中に無言で腹式呼吸を行うとより効果が高まります。

1セット
3分間キープする

パートナーへのアドバイス

相手の垂直に高く上げた脚を両手でキープする

お尻のストレッチ❶～パートナーストレッチ～

方法

取り組む人は仰向けに寝て両膝を立てます。パートナーは左手で相手の右膝が開かないように固定し、右手で相手の左膝を右脇に近づけるように左股関節を曲げて左のお尻のストレッチをします。終わったら反対側も行います。

1セット 20～30秒

2～3セット 行う

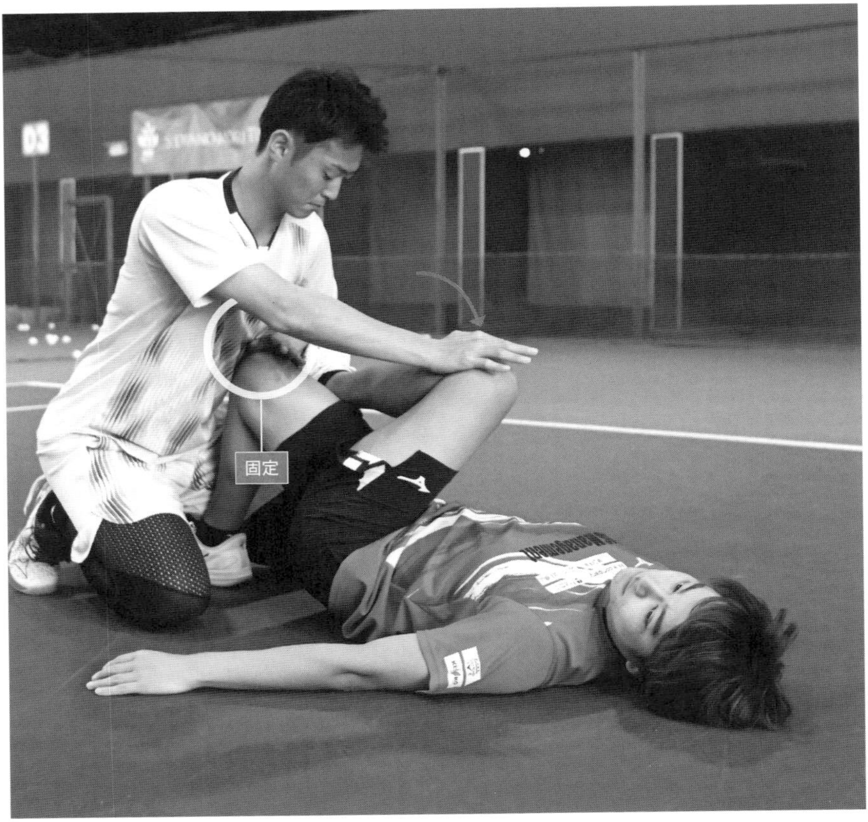

パートナーへのアドバイス

相手の膝を押すときはゆっくり行う

! ココに注意！

取り組む人は、右膝が外に開かないように固定するとストレッチ効果が高まることを知ってください。なお、ストレッチさせる側の左股関節の付け根付近に詰まる感じがある場合は中止してください。

股関節のストレッチ②～パートナーストレッチ～

方法

取り組む人は仰向けに寝て両膝を立てます。パートナーは左手で相手の右膝が開かないように固定し、相手の左膝を床に向かって内側に倒します（①）。左太ももの外側と左のお尻の奥の筋肉をストレッチします。終わったら反対側も行います（②）。

1セット 20～30秒
2～3セット 行う

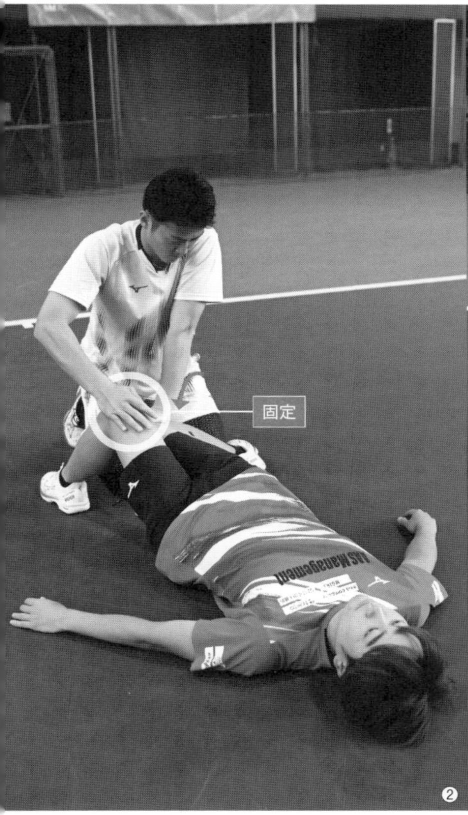

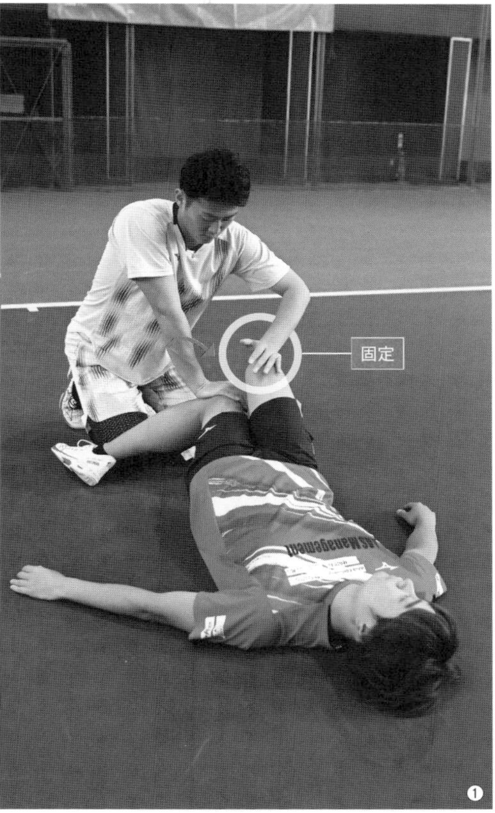

パートナーへのアドバイス

相手の膝を押すときはゆっくり行う

ココに注意！

取り組む人は、ストレッチさせる股関節の付け根付近に詰まる感じがある場合は中止してください。

腰と背中のストレッチ❷～パートナーストレッチ～

方法

取り組む人は仰向けに寝て両膝を立てます。パートナーは両手で相手の両膝を持って胸に近づけていきます。相手の息を吐くタイミングで、胸に近づけていきましょう。

ココに注意！

取り組む人は、両肩を下げることを意識すると、さらに効果的です。なお、太ももの裏がしびれたり腰の痛みがある場合は中止してください。

パートナーへのアドバイス

最初から相手の胸に近づけようとせず、呼吸に合わせて少しずつ近づける

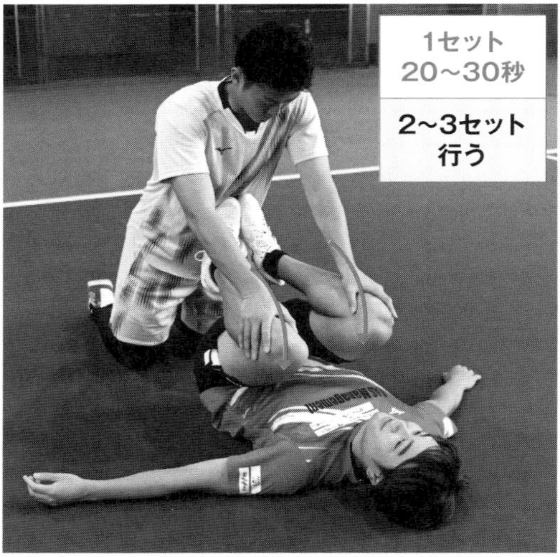

太もも前部のストレッチ～パートナーストレッチ～

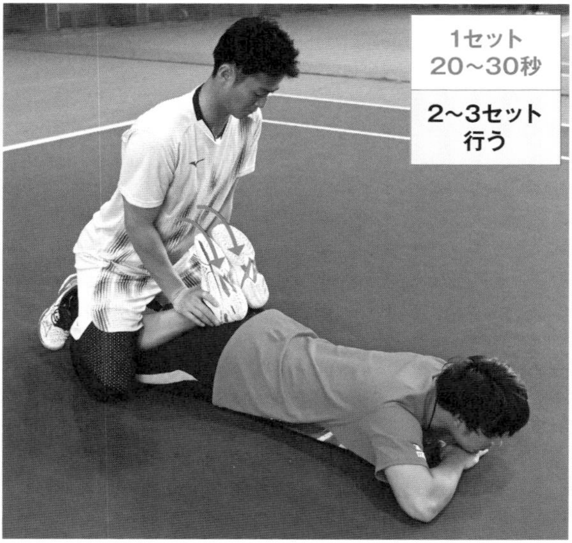

方法

取り組む人はうつ伏せに寝て両膝を90度くらいに曲げます。パートナーは両手で相手の足首を持ち、かかとをお尻に近づけます。両太もも前の筋肉をストレッチします。

パートナーへのアドバイス

相手の両膝が外に開かないように自分の両膝で挟んでストレッチを行う

お尻のストレッチ❷～パートナーストレッチ～

方法

50回足踏み

取り組む人は、うつ伏せに寝て両膝を曲げます。パートナーは相手の両足を持ち、お尻に体重をかけるように乗ります。この状態で、パートナーは膝で足踏みするように相手のお尻をほぐしていきます。

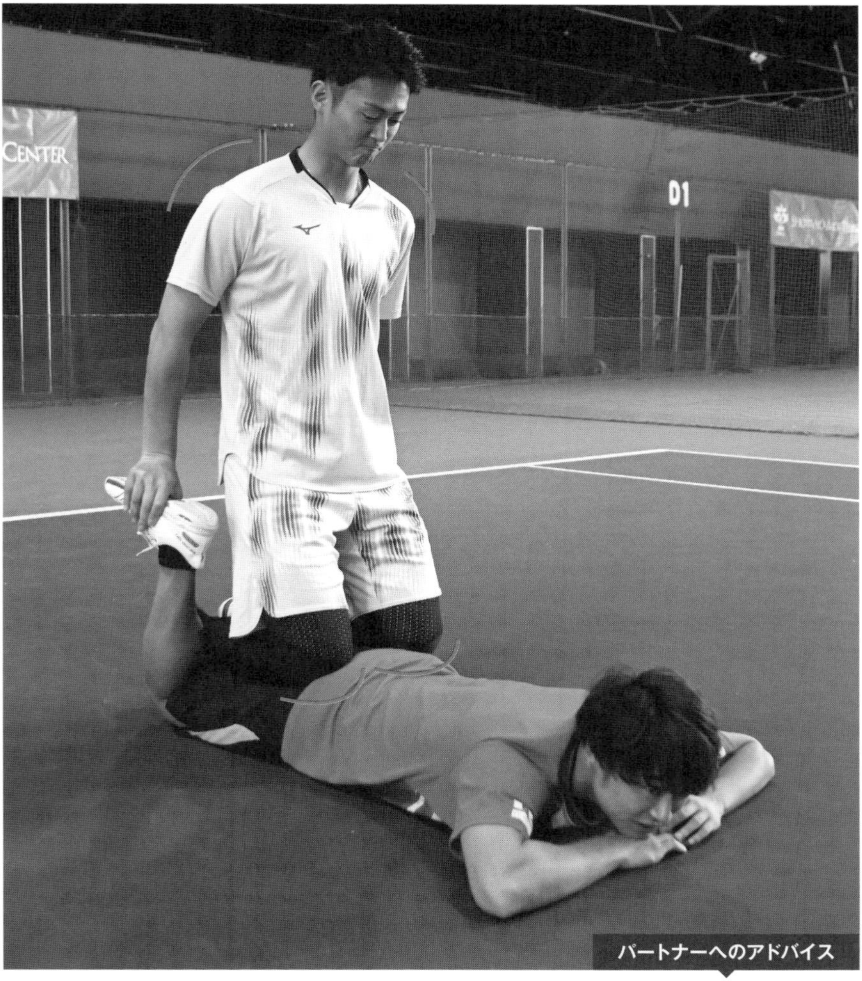

ココに注意!

取り組む人はお尻に痺れや痛みがある場合は中止してください。

パートナーへのアドバイス

相手が痛くないようにお尻に乗るときはゆっくり注意深く乗る

おわりに

お読みになっていかがでしたか。最後に、復習の意味でいくつかアドバイスをしましょう。

トレーニングをする際にもっとも大切なこと。それは、私はケガを予防することにあると考えています。なぜなら、ケガをすると練習や試合に支障が出て、大好きなソフトテニスができなくなってしまうからです。長期的に見れば上達も阻害されてしまいます。ですからトレーニングに際しては、身体のケアを怠らないことです。加えて、身体のために日頃からバランスのとれた食事を心がけましょう。

ソフトテニスの上達を目指していると、だんだんとハードな練習を求めるようになり、それが欠かせなくなっていきます。しかし、ハードな練習を長く行うばかりにならないでください。同時に身体づくりも忘れてはいけません。なぜなら、強固な身体の土台の上にあなたがほしい技術が成り立つからです。体幹トレーニング、筋力トレーニング、柔軟性を高めるストレッチなどでバランスのとれた強固な身体づくりを心がけましょう。

トレーニング中はソフトテニスの競技特性を理解した上で、目指す動きやテクニックとトレーニングが結びついていることを大切にしてください。例えば、サービスやストロークのためのトレーニングなら、実際の試合でそれが使われているシチュエーションを想定してトレーニングすることです。それを次の段階に発展させると、短い時間で動作できるようにする＝多くのボールを速く打つトレーニングや、相手に反応して対応するトレーニングなどになっていきます。

トレーニングするのは身体だけにならないでください。なぜなら、上達したい、試合に勝ちたいと思えばプレッシャーがかかります。そのプレッシャーに対応できるメンタルの強さもトレーニングする必要があるのです。集中力や精神力を鍛えるトレーニング。あえてプレッシャーがかかるシチュエーションをつくってトレーニングを行いましょう。身体だけでなく、心の面でも成長を目指してください。

最後に、トレーニングは継続することです。それを支えるのは「情熱」です。上達には時間がかかりますから、根気強く努力を続けること。モティベーションを保つための一つの方法として、私はトレーニング日誌をつけることをおすすめします。そこに目標を書き出し、実現するための計画を立てます。毎日の自分がどんな様子か、感じていることや成果などを書き留めていきます。これを続けていると、自分が今、計画のどのあたりにいるのかを確認できます。失敗や挫折があったとしても同じようにそこに書き出すことで、自分を見失わず、自分が計画の中にいることを確認できます。

成果を出すことを目指しているのですから、結果を気にするのは当たり前です。でも、そういうときこそ忘れないでください。ソフトテニスを楽しんで！ ソフトテニスの魅力を感じながら、トレーニングをしてほしいと思います。

2023年8月　田中教裕

モデル

船水雄太

ふねみず・ゆうた◎1993年10月7日生まれ、青森県出身。後衛。AAS Management inc.代表および所属。2010年全日本高校選抜優勝、2011年インターハイ団体優勝、2011年インターハイ個人優勝（／九島一馬）、2012、13、14、15年インカレ団体優勝、2014年インカレダブルス優勝、2015年インカレシングルス優勝、2016年全日本社会人選手権優勝（／九島一馬）、2016〜2019年日本リーグ優勝。2019年シーズンを最後にNTT西日本を退団し、2020年、弟・颯人に続くプロプレーヤーに転向した。2012〜2022年ナショナルチーム男子。フットワークが持ち味のパワフルなストローカー。

九島一馬

くしま・かずま◎1994年1月22日生まれ、秋田県出身。前衛。ミズノ所属。2010年全日本高校選抜優勝、2011年インターハイ団体優勝、インターハイ個人優勝（／船水雄太）、2012、13 、14、15年インカレ団体優勝、2014年インカレダブルス優勝、、2016年全日本社会人選手権優勝（／船水雄太）。2012〜2022年ナショナルチーム男子。184cmの長身を生かしたキレのあるサービス、スマッシュを得意とする攻撃的かつ鉄壁の守備を誇るネットプレーヤー。

編　集　澄田公哉事務所
写　真　井出秀人、松村真行、BBM、Getty Images
イラスト　丸口洋平、Getty Images、イラストAC
デザイン　山﨑裕実華
モデル　船水雄太、九島一馬
協　力　昭和の森テニスセンター

ソフトテニス　トレーニングが上達《じょうたつ》の近《ちか》道《みち》

2023年8月28日　第1版 第1刷発行

著者　田中《たなか》教裕《きょうすけ》

発行人　池田哲雄
発行所　株式会社ベースボール・マガジン社
〒103-8482
東京都中央区日本橋浜町2-61-9 TIE浜町ビル
電話　03-5643-3930（販売部）
03-5643-3885（出版部）
口座振替　00180-6-46620

印刷・製本　大日本印刷株式会社

©Kyosuke Tanaka 2023

Printed in Japan
ISBN978-4-583-11625-9　C2075

*定価はカバーに表示してあります。
*本書の文章、写真、図版の無断転載を禁じます。
*本書を無断で複製する行為（コピー、スキャン、デジタルデータ化など）は、私的使用のための複製など著作権法上の限られた例外を除き、禁じられています。業務上使用する目的で上記行為を行うことは、使用範囲が内部に限られる場合であっても私的使用には該当せず、違法です。また、私的使用に該当する場合であっても、代行業者などの第三者に依頼して上記行為を行うことは違法となります。
*落丁・乱丁が万が一ございましたら、お取り替えいたします。